畲族是我国东南沿海的一个古老民族，主要居住在福建、浙江、江西、广东、贵州、安徽六省八十多个市、县的部分山区。公元6世纪末7世纪初，勤劳勇敢的畲族人民和汉族人民发挥了无穷的智慧，共同开发了这些地方，创建了美丽富饶的家园。

走近中国少数民族丛书
主编/丹珠昂奔

畲 族
Shezu

钟亮 著

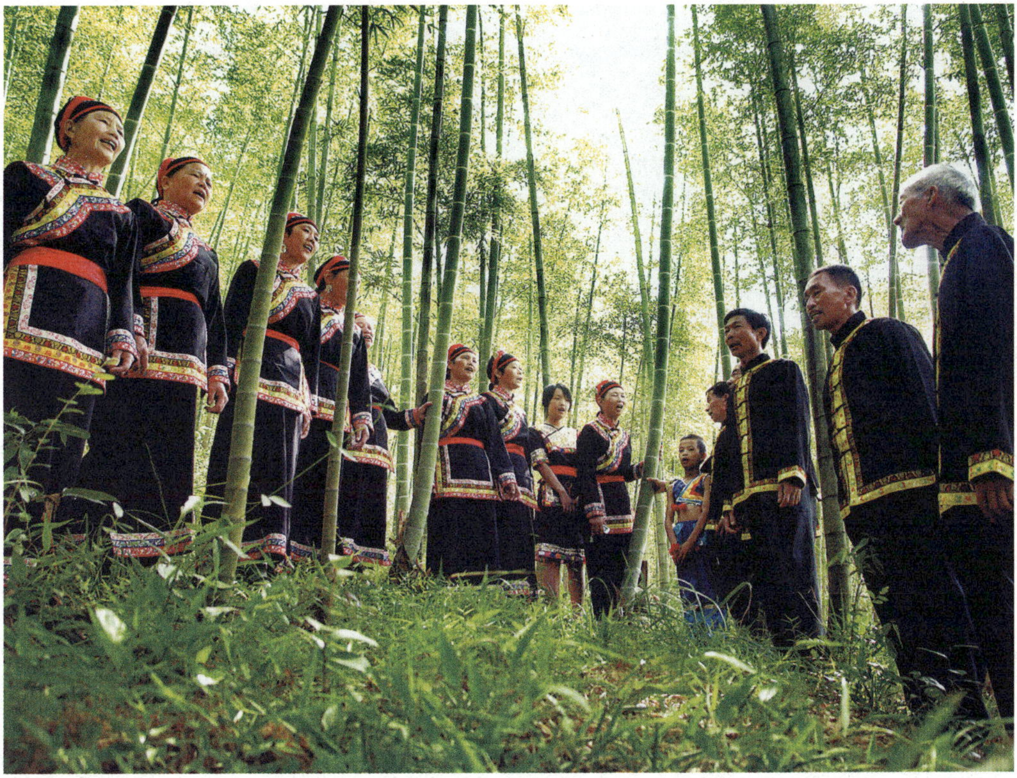

辽宁民族出版社

Ⓒ 钟亮　2014

图书在版编目（CIP）数据

畲族/钟亮著. —沈阳：辽宁民族出版社，2014.12
（2020.5重印）
（走近中国少数民族丛书/丹珠昂奔主编）
ISBN 978-7-5497-0946-5

Ⅰ. ①畲… Ⅱ. ①钟… Ⅲ. ①畲族—民族历史—中国②畲族—民族文化—中国　Ⅳ. ①K288.3

中国版本图书馆CIP数据核字（2014）第310670号

走近中国少数民族丛书·畲族
ZOUJIN ZHONGGUO SHAOSHU MINZU CONGSHU·SHEZU

丛书策划/李凤山

出版发行者：	辽宁民族出版社
地　　　址：	沈阳市和平区十一纬路25号　邮编：110003
印　刷　者：	晟德（天津）印刷有限公司
幅面尺寸：	170mm×240mm
印　　　张：	12
字　　　数：	170千字
出版时间：	2014年12月第1版
印刷时间：	2020年5月第2次印刷
责任编辑：	李凤山　吴昕阳　金顺玉
封面设计：	杜　江
责任印制：	杨　雪
责任校对：	边京爱
标准书号：	ISBN 978-7-5497-0946-5
定　　　价：	38.00元

网　　址：www.lnmzcbs.com　　　邮购热线：024-23284335
淘宝网店：http：//lnmz2013.taobao.com
如有印装质量问题，请与出版社联系调换　　联系电话：024-23284340

《走近中国少数民族丛书》编辑委员会

主　编 / 丹珠昂奔（藏族）

副主编 / 武翠英　张学进　李凤山（蒙古族）

编　委 /（按姓氏音序排列）

巴哈提（哈萨克族）　　白庚胜（纳西族）　　白兰英（蒙古族）

陈　丹（彝族）　　　　杜　江　　　　　　黄如猛（壮族）

金顺玉（朝鲜族）　　　李　璜　　　　　　李　欣（朝鲜族）

李有明（回族）　　　　吕　怡　　　　　　莫福山（藏族）

权春哲（朝鲜族）　　　萨仁图娅（蒙古族）　佟　强（蒙古族）

吴昕阳（满族）　　　　徐　凯　　　　　　殷德俭

张学林（朝鲜族）　　　钟廷雄（壮族）　　　朱　虹（蒙古族）

《走近中国少数民族丛书》作者名录

《蒙古族》 萨仁图娅（蒙古族）

《回族》 许宪隆（回族） 张龙（汉族）

《藏族》 丹珠昂奔（藏族）

《维吾尔族》 艾克拜尔·吾拉木（维吾尔族）
　　　　　买力克·买买提（维吾尔族）
　　　　　伊利迪尔（维吾尔族）

《苗族》 石莉芸（苗族） 李云兵（苗族）

《彝族》 陈国光（彝族）

《壮族》 黄佩华（壮族）

《布依族》 周国炎（布依族）

《朝鲜族》 黄有福（朝鲜族）

《满族》 于今（满族）

《侗族》 杨筑慧（侗族）

《瑶族》 玉时阶（壮族）

《白族》 董建中（白族）

《土家族》 罗中（土家族） 罗午（土家族）

《哈尼族》 朱志民（哈尼族） 李泽然（哈尼族）

《哈萨克族》 艾克拜尔·米吉提（哈萨克族）
　　　　　　伊拉达·拉音别克（哈萨克族）

《傣族》 赵瑛（傣族）

《黎族》 罗文雄（黎族）

《傈僳族》 鲁建彪（傈僳族） 欧光明（傈僳族）

《佤族》 郭锐（佤族）

《畲族》 钟亮（畲族）

《台湾少数民族》 林华（台湾少数民族）

《拉祜族》 苏翠薇（拉祜族）

《水族》 韦学纯（水族）

《东乡族》 马兆熙（东乡族） 马自祥（东乡族）

《纳西族》 白庚胜（纳西族） 孙淑玲（汉族）
　　　　　白羲（纳西族）

《景颇族》 金黎燕（景颇族）

《柯尔克孜族》 阿地里·居玛吐尔地（柯尔克孜族）

《土族》 祁进玉（土族） 东永学（土族）

《达斡尔族》 毅松（达斡尔族）

《仫佬族》 黎学锐（仫佬族） 黎炼（仫佬族）

《羌族》 雍继荣（羌族） 罗吉华（羌族）
　　　　周发成（羌族）

《布朗族》 陶玉明（布朗族）

《撒拉族》 马成俊（撒拉族） 马建新（撒拉族）

《毛南族》 韩德明（汉族）

《仡佬族》 周小艺（仡佬族）

《锡伯族》 阿苏〔锡伯族） 盛丰田（锡伯族）
　　　　　何荣伟（锡伯族）

《阿昌族》 们发延（阿昌族） 张斯齐（蒙古族）

《普米族》 朱凌飞（汉族） 杨周明（普米族）

《塔吉克族》 西仁·库尔班（塔吉克族）
　　　　　　阿力木江·西仁（塔吉克族）

《怒族》 李月英（傈僳族） 张芮婕（傈僳族）

《乌孜别克族》 古丽巴努木·克拜吐里（维吾尔族）

《俄罗斯族》 乃珂热曼·依布拉音（塔吉克族）

《鄂温克族》 黄任远（汉族） 那晓波（鄂温克族）

《德昂族》 袁丽华（汉族） 王燕（汉族）

《保安族》 马少青（保安族）

《裕固族》 董潇红（裕固族） 王政德（藏族）

《京族》 吕俊彪（汉族）

《塔塔尔族》 卡米力·库尔马尤夫（塔塔尔族）

《独龙族》 李金明（独龙族）

《鄂伦春族》 王为华（汉族）

《赫哲族》 黄任远（汉族）

《门巴族》 陈立明（汉族） 张媛（汉族）

《珞巴族》 陈立明（汉族） 李锦萍（汉族）

《基诺族》 朱映占（汉族）

总序

中国是一个统一的多民族国家。几千年来，有着悠久历史和灿烂文化的少数民族，与汉族一道，在中华大地上繁衍生息，共同开发着这块土地，建设、发展、捍卫着这个古老而伟大的国家。各民族都是兄弟，相互离不开，都是这个国家的主人。习近平总书记在第二次中央新疆工作座谈会上发表重要讲话，指出："要坚定不移坚持党的民族政策、坚持民族区域自治制度。民族团结是各族人民的生命线。要高举各民族大团结的旗帜，在各民族中牢固树立国家意识、公民意识、中华民族共同体意识，最大限度团结依靠各族群众，使每个民族、每个公民都为实现中华民族伟大复兴的中国梦贡献力量，共享祖国繁荣发展的成果。各民族要相互了解、相互尊重、相互包容、相互欣赏、相互学习、相互帮助，像石榴籽那样紧紧抱在一起。""要在各族群众中牢固树立正确的祖国观、民族观，弘扬社会主义核心价值体系和社会主义核心价值观，增强各族群众对伟大祖国的认同、对中华民族的认同、对中华文化的认同、对中国特色社会主义道路的认同。"因此，坚持平等、团结、互助、和谐的社会主义民族关系，不断增进了解，深化友谊，建立牢不可破的感情基础，是中国社会转型期、改革攻坚期、矛盾多发期保持社会稳定、发展的基本要求，也是实现中华民族伟大复兴的中国梦的基本要求。

为了进一步宣传我国少数民族的历史文化和民族风情，增强对少数民族的认识，宣传党的民族政策和方针，加深对党的民族政策的理解，加强各民族之间的了解与沟通，让读者了解少数民族，中华人民共和国国家民族事务委员会文化宣传司和辽宁民族出版社共同组织了《走近中国少数民族丛书》。

《走近中国少数民族丛书》的编写有以下三个特点：第一，采用图文并茂的形式、鲜活生动的语言、特色浓郁的图片与丰富的民族常识链接，向读者展示我国55个少数民族的历史渊源、民族变迁、社会生活、文化艺术、风俗习惯、历史人物和民族区域自治政策的伟大实践。第二，作者多为本民族的专家学者和与民族研究工作相关的专家学者，对自己撰述的对象既有深厚的知识积累，也有真挚的情感。第三，内容彰显了历史与现实、民族文化与地域文化、民族区域自治地方与散杂居地区少数民族生产生活的多彩画卷和轨迹，引导读者走近少数民族，聆听他们的古老传说，感受他们的发展变化，加深彼此的沟通和了解。这套《走近中国少数民族丛书》是面向民族干部和各级干部通览我国少数民族概况的普及读本，也是图书馆的必备藏书。

《走近中国少数民族丛书》所揭示的每一个民族的历史，都承载着这个民族的文化，也承载着这个民族的发展和未来。中华大地孕育的55个少数民族多彩斑斓的民族文化，同汉族文化一道从远古走到今天，汇入了中华文化壮阔的历史长河。"共同团结奋斗，共同繁荣发展"，保护、传承和弘扬少数民族优秀文化，不仅是推动我国民族团结进步事业的重要内容，也是构建和谐社会、实现中华民族伟大复兴的中国梦的重要使命。期待通过《走近中国少数民族丛书》，使广大读者徜徉于少数民族多彩风情的同时，更加深刻地了解和认知中华民族多元一体的文化内涵，感受中华民族悠久历史的深远与厚重。

丹珠昂奔

2014年6月26日

前言

"忠勇"精神铸就忠诚刚直、勇往直前的畲族

畲族是我国东南沿海的一个古老民族,主要居住在福建、浙江、江西、广东、贵州、安徽六省八十多个市、县的部分山区。公元6世纪末7世纪初,勤劳勇敢的畲族人民和汉族人民发挥了无穷的智慧,共同开发了这些地方,创建了美丽富饶的家园。畲族人民和祖国各兄弟民族一样,对我们伟大祖国的缔造和发展,做出了重要的贡献。

根据2010年第六次全国人口普查统计,畲族人口总数为708 651人。畲族分布广泛,遍及全国各省市,90%以上居住在福建、浙江广大山区。宁德市(俗称闽东)畲族人口近18万人,主要聚居在福安市、霞浦县、福鼎市和蕉城区,约占全省畲族人口的二分之一、全国畲族人口的四分之一,是全国最大的畲族聚居区。畲族是我国典型的散居民族之一,其分布的特点是大分散,小聚居。

畲族自称"山哈",其称谓有多次演变。在隋唐之际,人们对居住在福建、广东、山西三省交界地区的包括畲族先民在内的少数民族广泛称为"蛮""蛮僚"或"峒蛮";到公元13世纪南宋时期,汉文史书上才开始出现畲族名称。1956年经过民族识别调查,中央人民政府确定为畲族。

畲族的来源,众说纷纭,莫衷一是。有土著说、外来说或畲、瑶同源的观点。福建师范大学谢重光教授提出畲族是多元一体的民族之说很有见解,即畲族族源主要包含百越后裔、南迁武陵蛮和入畲而被畲化了的汉人三大部分。

畲族有自己的语言,属汉藏语系,畲语和汉语的客家方言很接近。畲族没有本民族文字,通用汉文,畲族的历史文献记载极为缺少,只能靠口头相传、家谱和汉文历史文献记载。

畲族婚礼别具一格。畲族姑娘在出嫁前几个月,要到母舅、姨、姑家

"做表姐"，与表弟们对歌。出嫁前两天，夫家须选一位能歌善言、机智出色的"迎亲伯"作代表和媒人一起把盘担挑来女家迎亲。新娘出嫁前，以歌代哭，哭诉与家人分手的衷情，以示对娘家的留恋，为娘家讨吉利。畲族婚礼中有男下拜女不拜的习俗。

畲族的节日与汉族相同的有春节、元宵节、清明节、端午节、中元节、中秋节、重阳节、冬至节等，其中以春节、端午节最为隆重。畲族也有本民族固有的节日，如祭祖节、二月二会亲节、三月三乌饭节、四月八牛歇节和分龙节等。

畲民十分重视祖先崇拜。祭祖沿袭至今，使畲族内部产生了巨大的凝聚力，对维系民族的生存、发展起到了积极的作用。今天这一习俗融入了时代的气息，族人借此欢聚一堂，交流生产和致富经验，把它当成亲朋相聚的节日。此外，畲族还崇信民间神祇，笃信"猎神"。

畲族人民在长期的生产斗争中，积累了丰富的知识和经验，创造了绚丽多姿的文化艺术，在祖国灿烂的文化宝库中独具异彩。畲族的工艺美术是和畲族人民的生产生活紧密相连的，它通过衣、食、住、行等生活的方方面面服务畲族人民，同时又是畲族物质生活水平和审美价值观的集中反映。畲族的工艺美术在种类上，涉及建筑、雕塑、绘画、服装、纺织、剪纸等众多领域。特别是纺织刺绣、编织花带、编织花斗笠、木雕等方面，具有鲜明的畲族文化特征，体现了畲族的基本文化风格。

畲族传统男女服装多用苎布缝制，服装颜色多为青黑色或蓝色。男装式样和汉装大致相同，妇女的服饰有鲜明的民族特色。衣尚青、蓝色，多着自织的苎麻布，衣右襟和袖口镶花边，色彩斑斓绚丽。畲族妇女的服装因分布地区的不同而略有差异，但以"凤凰装"最为讲究、最具特色。

畲族大部分居住在丘陵山区地带，建筑工艺材料就地取材。在畲族山村以土筑墙的房屋居多，整座房屋为土木结构，支撑外围的墙体即用泥土夯筑，房屋内用杉木架空，形成穿斗式木结构。其中比较典型的有"孩儿撑伞"式的建筑格式。

畲族的民族文学艺术宝库十分丰富。文学作品有歌言、民族起源和诸天神传说、民间故事、谚语、谜语、儿歌等。畲族歌言是畲族对歌谣独特的族内称谓，是畲族独创的以歌代言的艺术表达方式，它伴随着畲族社会历史的进程传承至今，贯穿于生活的方方面面。畲族舞蹈是畲族民间艺术的百花园中极为艳丽、独具芬芳的一朵奇葩，主要表现祭奠祖先、生活习俗与信奉宗教等方面的内容。

畲族人民酷爱体育活动，"打尺寸""盘柴槌""节日登山""骑海马"和"竹林竞技"等，都是畲族民间流传十分有趣、别具一格的体育运动形式。畲族人民练拳习武之风十分盛行，经过千百年来的传承，已形成了独具一格的民间武术。

畲族聚居地区属于东南丘陵地带，地势大致自西北向东南沿海倾斜。畲族地区紧靠北回归线的北面，属于亚热带气候，温暖湿润，雨量充沛。畲族地区的物产资源十分丰富，矿藏也很多。畲族人民主要从事农业生产，种植以水稻、番薯为主，兼营林业、茶叶以及狩猎等。

隋唐之际畲族就已劳动、生息、繁衍在闽、浙、赣三省的交界地区。在漫长的封建社会里，畲族人民与汉族人民曾多次联合起义，反抗历代统治者的压迫。近代以来，畲族人民又掀起不屈不挠的反帝反封建斗争，特别是在中国共产党领导的人民民主革命时期，畲族人民对中华民族的解放事业做出了贡献，用自己的鲜血和生命在我国人民革命斗争史上写下了不朽的一页。

新中国成立后，畲族人民在党的领导下，依靠集体力量，大干社会主义，在政治、经济、文教卫生各方面都取得了很大的胜利。

随着改革开放的深化和社会主义市场经济的发展，畲族面临着新的发展机遇的同时，也遇到了许许多多新的问题和考验。畲族在新的历史条件下，继承和发扬优良传统，大胆开拓，勇于进取，不断谋求发展和进步，在我国岭南大地上再创辉煌。

目录

总序 001
前言 003

第一章　畲族历史 011
族称的由来 012
众说纷纭的族源 014
兼容并蓄的族语 016
艰难曲折的迁徙 018
历史演进与发展 021

第二章　畲族风俗 027
女性发式与服饰 028
特色节日饮食 034
传统民居"畲寮" 037
农耕与狩猎的生产 039
多姿多彩的婚俗 043
尊重生命的丧葬 052

第三章　宗教信仰 057
忠勇王传说与祖先崇拜 058
民间信仰 064
奶娘踩罡 067
起洪楼 069

第四章　畲族文化

歌言 ··· 076
民间文学 ··· 091
舞蹈 ··· 095
传统体育 ··· 102
工艺美术 ··· 108

第五章　畲乡新貌

民族区域自治与分布 ·· 116
经济和社会文化事业的发展 ······································ 119

第六章　特色村寨

文化名村——大均村 ·· 128
拥有红色文化的苏家坡村 ··· 129
人文历史悠久的上金贝村 ··· 131
文化底蕴丰富的白露坑村 ··· 135
人口最多的畲族村——富达村 ··································· 139
历史文化名村——凤洋村 ··· 141
古色古香的林岭村 ··· 144

第七章　畲乡名胜 ··· 149
凤凰山 ··· 150
敕木山 ··· 151

封金山 ··· 152
五通庙 ··· 152
蓝理牌楼 ······································· 153
太姥山 ··· 154
观音亭寨 ······································· 155
山民会馆 ······································· 157
白云山 ··· 158
钟氏神牌供奉祠堂 ························· 159
中华畲族宫 ··································· 160

第八章　名人逸事 ··· 163
驱魔大将军雷万春 ························· 164
戏神雷海青 ··································· 164

巾帼英雄许夫人 ····························· 165
园林大家样式雷 ····························· 166
戍台壮士蓝理 ································ 167
文史家雷廷珍 ································ 167
畲歌王钟学吉 ································ 168
畲族阿妈——钟淑兰 ····················· 169

公益事业慈善家钟铭选	170
革命英烈钟日柱	171
红色交通员钟阿介	172
特殊教育慈善家雷静贞	172
橡胶大王雷贤钟	173
畲嫂蓝金妹	175
闽西老区的将军蓝庭辉	176
闽西老区的将军雷钦	177
闽东老红军钟大湖	177
走过长征的将军雷永通	178
闽东革命老区的刘胡兰——雷七妹	178
闽东革命老区的王小二——雷石祥	179
爱国华侨雷学金	180
水产研究专家雷霁霖	180

参考文献 182

图片提供者 183

后记 184

第一章
畲族历史

隋唐之际,畲族人民就已居住在闽、粤、赣三省交界地区。他们开荒辟地、刀耕火种,在开发东南沿海山区的过程中,逐渐建立起自己的家园,谱写了历史篇章。

北京世纪坛的凤凰形象图案

族称的由来

畲族自称"山哈",这个名称不见史书记载,但在畲族民间却普遍流传。闽东、浙南的畲族人历经迁徙而逐渐定居下来,当地汉人视他们为从外地迁来的陌生人,所以称呼他们为"畲客"。贵州省畲族在1996年认定前,称之为"东家"。这是当地汉人对贵州畲族的称呼,认为畲族是从"东边"来的客人,故以"东家"名称之。相邻民族中,瑶族称畲族为"哈朵",苗族称之为"嘎斗",仫佬族称之为"喏哈",布依族称之为"迥哈"。在汉文史籍上,不同时期曾用不同的名称来称呼畲族,明清时期的一些贵州地方史志称之为"东苗""佟苗"。

> **知识链接** 畲族 自称"山哈",意为住在山里的客人。

隋唐之际，畲族人民就已居住在闽、粤、赣三省交界地区。汉文文献往往把唐宋时期这一带的畲族泛称为"蛮""蛮獠""峒蛮"，或"峒獠"。如南宋王象之《舆地纪胜》卷一百二记载的"山客畬"，是文献上以"畬"作为畲族族称最早的记载。南宋末年，刘克庄《漳州谕畲》一文曰："畲民不悦（役），畲田不税，其来久矣。"文天祥《知潮州寺丞东岩先生洪公行状》亦载："潮与漳、汀接壤，盐寇、畬民群聚……"这些史籍上说的"畲民""畬民"，指的是同一个民族，前者指住在福建漳州一带的畲族，后者为广东潮州一带的畲族。

"畲""畬"字读shē（奢），其字义都有开荒辟地、刀耕火种的意思。刘克庄提出"畲民"一词应是以此为据的："西畲隶龙溪，犹是龙溪人也。南畲隶漳浦，……二畲皆刀耕火耨，崖栖谷汲。"由此观之，"畲"字作为民族名称的原因，大概是由于当时畲族到处开荒，使用刀耕火种的方法，是以这一民族经济生活的特点而被命名的。这同畲族保存的族谱所反映的祖先"只望青山，刀耕火种，自给自足"是相一致的。《龙泉县志》指出："民以畲名，其善田者也。"以"畲"字作为民族名称，虽然不是本民族自称，而是被称，但这个称呼无论其来源或含义都体现了畲族人民勤劳勇敢的劳动本色。因此，新中国成立后便根据史书的记载，中央人民政府于1956年正式把"畲族"确定为这一民族的名称。

"畲民"和"畬民"二词都出现在13世纪。两个字的意思虽有些不同，但所指的并非两个民族，也不是同一民族的两个不同的经济发展阶段。因为当时福建与广东的畲族，其生产技术和经济生活特点基本一致，只是由于汉族文人对闽、粤两地畲族经济生活观察、记载的着眼点不同，才出现上述异称。正如清代学者屈大均《广东新语·畲语》所云："澄海山中有畲户……其人耕无犁锄，率以刀治土，种五谷，曰刀耕；燔林木，使灰入土，土暖而蛇虺死，以为肥，曰火耨。是为畲蛮之类。"

除了唐宋时期的"蛮獠"等泛称以及南宋末年出现的"畲

作为畲族族称最早的正式记载

> **知识链接** 畬（shē），古同"畲"，"畲族"的"畲"，古书上又写作"畬"。煊，xuān，同"煊"，温暖。耨（nòu），古代锄草的农具，本义：锄草，耕作。

民""畲民"外,由于畲族和瑶族等历史渊源比较密切,故史书上特别是明清时期的地方志中,往往也把畲族称为"瑶人""畲瑶""苗瑶"等等。国民党统治时期曾把畲族称为"苗夷"。新中国成立初,仍有称之苗族的,甚至畲族内部也有人自认为是苗族或瑶族。实际上,畲族和瑶族、苗族都是各自经过长期历史发展而形成的单一民族,因此上述称呼都不妥当。

众说纷纭的族源

畲族同汉族及我国许多少数民族一样,是经过长期历史发展而形成的,有着自己悠久的历史和文化。今天畲族分布的地区主要在闽东和浙南,但这里的畲族普遍流行祖籍在广东潮州凤凰山的传说。根据闽南、闽中、闽东、闽北、赣东北和浙南等处地方志的记载,可以判定闽东、浙南诸地的畲族基本上是从闽、粤、赣三省交界地区迁去的,其时间不早于明代。

至于闽、粤、赣三省交界地区的畲族,根据史书记载分析,早在7世纪初即隋唐之际,畲族就已在闽、粤、赣一带生息、繁衍。汉文史书通常把唐宋时期在这一带活动的少数民族泛称为"蛮獠""峒蛮""峒獠"等等。《漳州府志》所录唐高宗《诏陈政镇故绥安县地》和陈元光《谢准请表》都提到"蛮獠"。另清嘉庆《云霄厅志》(民国重版)载:"高宗总章二年(669),泉、潮间蛮獠啸乱。"该书详尽地叙述了陈政、陈元光父子镇压陈谦及"峒蛮"苗自成、雷万兴、蓝奉高等起义军的情况。《资治通鉴》曾记载唐昭宗乾宁元年(894),汀州宁化县南"黄连洞蛮二万围汀州"。《宋史》也有绍定二年(1229)"汀、赣、吉、建昌蛮獠窃发","盗钟全相挺为乱"及"距(潮)州六七十里曰山斜,峒獠所聚"等记载。

唐初闽、粤、赣交界一带的"蛮獠",即为后来的"畲民",亦即今之畲族,那么他们到底是当地的土著居民,抑或从别处迁来的?他们是何时来到此地?其定居时间最早可追溯到何时?这些问题囿于史料,尚难断言或推测。不过,这些"蛮獠"不可能在唐初才定居闽、粤、赣一带。据史书记载,唐

畲族起源地之一——广东潮州凤凰山

初，陈政、陈元光率军进入泉、潮一带，遭到"蛮獠"的大规模反抗。一个少数民族如果不经过相当时间的生息、繁衍而拥有较多的人口，不凭借自己长期开拓的广袤地域和相当的力量，是不可能同汉族统治阶级派来的强大军队进行数十年持久对抗。因此，可以断定，最迟在7世纪初，畲族就已定居在闽、粤、赣三省的交界地区了。

畲族的来源，有多种说法，意见很不一致，有说源于"汉晋时代的'武陵蛮'""东夷中的徐夷"或"古代河南夷的一支"；也有说是古越人、古闽人的后裔，或"源于南蛮族的一支"等。但归纳起来，主要是"非土著论"和"土著论"两种。

所谓"非土著论"，是与主张畲族为闽、粤、赣土生土长的民族相对而言的。最有代表性的是说畲、瑶源于"长沙武陵蛮"，主张这种意见的人，主要系从畲、瑶民间广泛相同的盘瓠传说、史籍畲、瑶并称和畲、瑶互通的记载以及畲、瑶的盘、蓝、雷相同姓氏和比较接近的语言等方面进行探讨，得出畲、瑶源自汉晋时代"武陵蛮"的结论。"非土著论"还有一种看法，即主张畲族"源于古代河南夷，是属高辛氏近亲的一支，夷人氏族部落"。此说的一个重要论据：畲族族谱记载的盘、蓝、雷、钟等四姓的始祖受封的南阳郡、汝南郡、冯翊郡和颖川郡，均在河南境内，它与高辛帝管辖的地域是一致的。因而认为这些郡望就是畲族的祖源地。

所谓"土著论"，实际是包括学术界关于畲族源于古越人、古闽人和南蛮中的一支等诸种意见，他们分别认为畲族是闽、粤、赣交界地的闽或粤的土著民族。

总之，学术界对畲族渊源虽做了深入的研究，多角度的探讨，但仍未有共同的结论，因为这是一个颇为复杂的问题。不过从畲族的复杂来源可以窥见畲族五彩缤纷的文化，可能与她的历史曲折发展和民族形成过程，同蛮、越、闽、夷以及汉等各群体的文化，彼此互动、混化、交融有一定的关系。

最新研究成果有福建师范大学谢重光教授提出畲族是多元一体的民族之说，即畲族族源主要包含百越后裔、南迁武陵蛮和入畲而被畲化了的汉人三大部分。这一新说引起学界重视。

兼容并蓄的族语

畲族有本民族语言，属汉藏语系。新中国成立后，语言学家对畲语进行了多次的调查研究，一致认为畲族有两种语言：居住在广东惠阳、海丰、增城、博罗一带的畲族使用的畲语，属于苗瑶语族苗语支（瑶族"布努"语），兼通客家话，这一部分畲族有一千多人，占畲族总人口千分之四左右。其他地区包括福建、浙江、江西、安徽以及广东潮安、丰顺等约占畲族总人口百分之九十九以上的畲族，使用接近于汉语的客家方言（部分为潮州方言），但在语音上与客家话稍有区别，有少数语词与客家话完全不同，也不是当地的汉语借词，有的与苗瑶语族的某些语言相近或相同。各地的畲族基本上是以接近于汉语客家方言为本民族的共同语言。由于畲族没有本民族文字，通用汉文，因此，在日常

序号	汉语	畲语	汉语近似音	
			拼音	汉字
1	房子	lāo	lāo	捞
2	木房子	cai lao	cǎi lǎo	柴捞
3	桌	dǒu	duō	朵
4	椅子	gēo yí	gā yí	嘎怡
5	四方桌	xī gōng dōu	xī gōng dōu	夕fōng朵
6	吃饭桌	xī peī dōu	xī paī dōu	喜盼朵
7	沙发	sēo feà	shā fa	沙发

生活中都以接近汉语的客家方言为交际工具，各地畲族皆通晓当地的汉语方言。

新中国成立前，一些学者错误地以语言因素为民族识别的唯一标准，根据畲族中绝大多数人使用汉语客家方言，因而误认为畲族是汉族的一部分，不是单一的少数民族。1961年语言学者黄家教等对广东潮安畲语调查研究结果，认为畲族有自己的民族语言。古代的畲语也许和现代的畲语不一样。现代畲语很接近汉族的潮州话（其中有一些地方接近客家方言）。从现代畲语的整个系统来看，它既接近潮州方言，而又保存了相当多的中古汉语的语音特点，这说明畲族语言可能在很早的年代（至少在宋元时代）便开始向汉语靠拢，近几十年来，它吸收了为数甚多的汉语词，进一步"消磨掉"其原有的特点。现在畲语与汉语十分接近，这是畲语长期"汉化"的结果，但它还保存一些自身的特点，仍然不与汉语完全合一。

畲族使用两种语言：

福建、浙江、江西、安徽等省以及广东的潮安、丰顺两县的畲族使用的是一种语言，这种语言属汉藏语系汉语客家方言，但在语音上与客家话稍有差别；有少数语词与客家话完全不同，也不是当地汉语借词，有的却与苗族、瑶族的某些语言相近或相同。

居住在广东博罗、增城、惠阳、海丰等县的一千多人，自称

"活聂"(山人)的畲族,使用另一种语言,这种语言与苗、瑶语族语言的关系要比壮、侗语族的语言关系密切得多。特别是苗、瑶语族苗语支的瑶族"布努语"、炯奈话与畲语更为接近。

那么,畲族自己的民族语言是属于哪一种语言?广东博罗、增城、惠阳、海丰等县的畲族所讲的苗瑶语族的语言是否就是畲族原来的民族语言呢?福建、浙江、江西、安徽等省以及广东潮州凤凰山区的畲族,他们固有的民族语言是属于哪一种语言呢?

潮州凤凰山区的畲民,现在只会说一种受潮州话影响的客家话,不会说畲语,但清人周硕勋所辑《潮州府志》中提到:潮安凤凰山一带畲族早期使用语言的语词,如"火"叫作"桃花溜溜"。语言学者考证认为,潮安凤凰山区的畲族过去所说的语言与今天博罗、增城一带畲族所操的苗、瑶语族语言相同或相近似。后来,在客家话的影响下,才改说客家话。由此可以推断,畲族的固有民族语言应与苗、瑶语族的语言有密切的渊源关系。

艰难曲折的迁徙

畲族在历史上曾经过着迁徙不定、"刀耕火种"的生活,因此畲族现在的分布区与历史上的聚居区不同。安徽宁国市的畲族是从浙江迁去的;贵州畲族先祖是从江西赣江流域以及赣东、赣东北一带迁入的;江西东部的畲族是从福建长汀、宁化、漳州等地迁去的;浙南畲族是从福建迁去的;闽东的畲族是从闽、粤、赣三省交界地区迁去的,以上各省畲族都一致认为广东潮州凤凰山是本民族的发祥地,但潮州凤凰山区的畲族却说他们是从福建长汀迁去的。

隋唐以后,畲族从广东潮州往东北迁徙的路线是比较清楚的,大约在隋唐之际,畲族开始往东北迁徙。宋元时期,畲族居住区已扩大到泉、潮、汀、漳一带,一部分迁入闽东北的山区。元末和洪武年间,一部分畲族或奉旨征讨迁徙或避祸而迁入贵州。明清时期,大部分畲族逐渐向浙南山区移动。

关于畲族迁徙的原因,有人归之于畲族的生产方式和风俗习惯。文献所载"散处各地,随山迁徙,去瘠就腴无定居","巢居

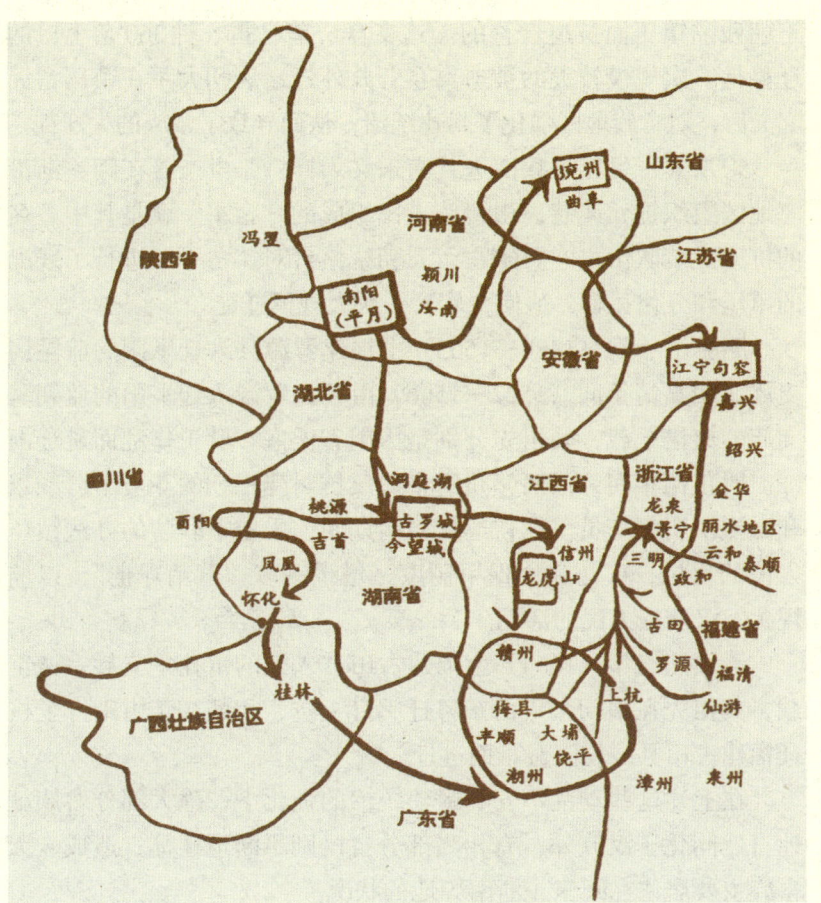

畲族南迁示意图

崖处,射猎为业,耕山而食,率二三岁一徙","有病疫,则焚其室庐而徙居焉"。有人认为畲族迁徙的原因在于逃避封建徭役和租税的剥削,如广东海阳县凤凰山等地的畲族,"遁入山谷中,不供徭赋","贫不能存,则亡徙以走"。在《高皇歌》和族谱中也多有反映畲族历来向往着"自种林木无税纳,没有税纳多清闲"自由自在的生活。

历史上畲族大规模的迁徙原因,主要还在于阶级压迫和民族压迫。政治方面原因有三:一是受当地统治阶级压迫剥削,难以立足生存;二是因起义斗争失败;三是为逃避战祸。

唐总章二年(669),唐王朝派兵镇压了畲族雷万兴、蓝奉高、苗自成等领导的起义后,相继在漳州、汀州设置郡县。唐光启二年(886)从广东经海路至闽的盘、蓝、雷、钟360余丁口,就是畲族人民反抗唐王朝统治阶级的起义斗争失败后,遭到封建王朝残酷镇压而被迫迁移的。这支盘、蓝、雷、钟360余丁口的迁移是一次规模较大的被迫离乡背井外迁；唐朝大军在镇压畲民起义后，对畲族地区强化了封建统治，从而导致了畲族的大迁徙。

宋末蒙古贵族举兵南进，南宋文天祥、张世杰等在闽、浙沿海地区组织抗元武装，由畲族人民组成的"畲军"就是其中著名的抗元武装队伍之一。宋亡，元朝统治者对"畲军"进行了残酷的镇压和分化瓦解，迫使畲族又一次大规模迁徙。

明弘治年间（1488—1505）由福建罗源县入迁平阳的蓝昆冈支族，明嘉靖年间（1522—1566）由福建罗源入迁平阳的蓝朝聘支族的族谱记载，其祖先分别是因闽省倭寇、耿王作乱而避迁浙江。明正德年间，江西赣州府畲民反抗封建王朝的斗争十分频繁和激烈。明朝官员王守仁巡抚赣南期间，采取了联防的办法镇压人民的反抗，广泛建立保甲制度，增设许多"营哨守把"，以监视畲、汉两族人民的活动。

清康熙三年（1664）由福建古田县入迁的雷孔华支族宗谱记载，其祖先在隋朝末年由东粤迁闽汀上杭，元朝初年由闽汀上杭迁福建古田县，均因避难而逃迁。

在上述这些动乱不安和封建统治的强化下，除大部分畲族就地自然同化于汉族外，有相当部分畲民则不断地迁徙，造成今天畲族主要居住在闽东、浙南等地的状况。

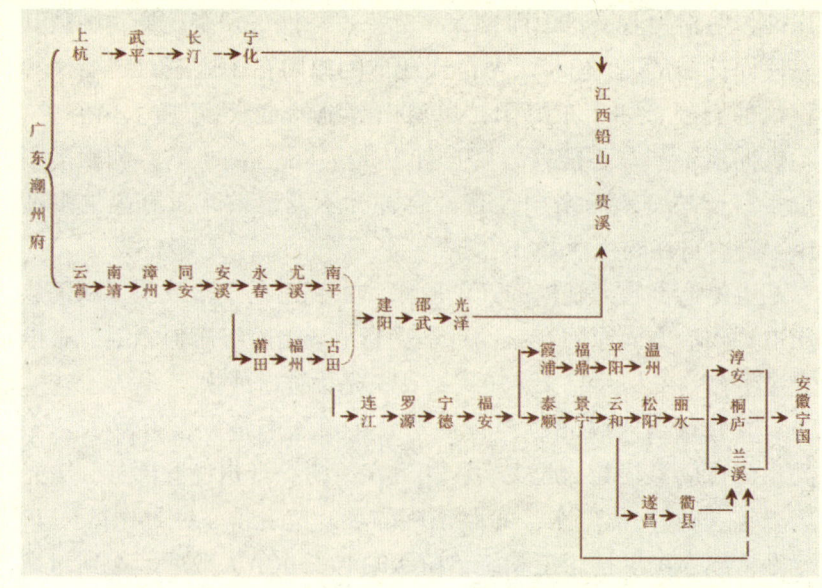

畲族自广东潮州迁移大致路线

历史演进与发展

畲族有着悠久的历史。由于没有本民族的文字，汉文史籍记载又很零散，所以畲族历史的许多重大问题因缺乏信史资料，至今未有明确的答案。根据史籍记载的有关资料，只对唐以后的古代畲族社会和近现代畲族社会，作个轮廓的勾画。

古代畲族社会面貌

唐朝时期，是畲族和汉族发生较多联系的最早时间。当时畲族还是聚居在漳州（按：唐时的漳州辖有闽、粤、赣交界的大片地区），这里唐以前尚属炎徼之地，到处深林丛莽，人烟寥绝，几疑非人所居。社会经济尚停留在原始游耕农业阶段，劳作粗放，生产力低下，人民生活极端困苦。入唐以后，唐王朝为了"靖边方"，强化封建政权对畲族地区的统治，于垂拱二年（686）在泉、潮建州县，以控岭表。畲族地区设置了郡治，因此加强了畲、汉两族间的联系。唐王朝为开发当时十分荒凉的漳州，招抚因贫困或战乱而散居在荒山野岭的畲民，给他们编图隶籍，拓荒垦殖，使从前是林木荫翳、荆棘丛生的荒地，"渐成村落，拓地千里"，山区得到了开发，生产也得到了发展。

宋元时期，畲族地区的社会经济比唐代有了进一步的发展，以畲族聚居的福建来说，泉州是当时对外贸易的重要港口，海外交通达到了最繁荣的阶段，无论是农业还是手工业都有了长足的进步。随着社会经济的发展，封建统治阶级剥削的胃口也增大了，汉族地主和封建官吏对畲族进行的赋税征收、土地掠夺也随之加重。土地兼并剧烈，元朝统治阶级强占汀州路畲族农民的土地作为赐地，使广大畲族人民丧失了赖以生存的土地，过着极其贫困的生活。

随着畲族社会封建化的深入，畲族人民贫困化日益加深，畲民被迫铤而走险，反抗斗争几无间断过。其中以畲民妇许夫人和钟明亮所领导的规模最大，时间最长，影响最深。

明清时期，是畲族社会经济发展的一个重要时期，此时封建

雷万兴率领畲民起义

社会已经确立，其社会经济和当地汉族基本一致。这个时期畲族经过长期的动荡和迁徙以后，已定居在闽、浙、粤、赣、皖等省的广大山区，繁衍生息。经过长年累月胼手胝足的辛勤劳动，为我国东南山区，特别是对畲族聚居的浙南、闽东山区的开发做出了重大的贡献。

畲民在垦荒造田、扩大耕地面积的同时，还大量学习汉族的先进生产技术，如改良农作物增加品种方面，赣南畲族地区种植的稻谷就有七八种，闽东、闽北、浙南种植稻谷品种也非常之多。特别是各地畲民利用"火田""火地"种植番薯等杂粮，因系高产作物，成为各地畲民不可或缺的主要粮食。他们还根据山区特点，经营各种经济作物，如香菇，为畲民普遍所种植，是畲民的主要经济收入之一。蓝靛，福建山区畲民在各地搭草寮垦荒种菁，被称为"菁寮"。当时的"福建菁"名闻全国，其染色"为天下最"，从侧面反映畲族地区生产蓝靛的盛况。茶叶，是畲民种植的传统经济作物，几乎无园不种茶，如广东畲民种植的

"洪峯茶"、福建畲民种植的"武夷茶"、浙江畲民种植的"惠明茶",品质优良,畅销各地,颇负盛名。此外,畲民为解决生计困难和满足商品交换的需要,还从事狩猎、樵苏、编制筐筐、养蜂收蜜、饲养家禽家畜等,其产品除自给外,还将剩余的部分拿到市场,同汉人进行交换,如蓝靛转贩至浙江,香菇远销至粤、赣、川、陕,竹器、蜂蜜及野兽山禽之类作为交换品,家禽也"皆鬻于市"。畲、汉交易,主要以货币形式进行,以物易物也居相当重要的地位。

畲族广大贫苦农民长期处于封建生产关系中,经济上受剥削,政治上受压迫,文化上受歧视。他们为了摆脱严重而残酷的民族压迫的桎梏,争得民族上的平等,自明洪武十八年(1385)起,至清康熙三年(1664)止的近280年间,曾掀起多次的畲、汉农民联合起义,这些斗争虽然一次又一次地被统治阶级残酷地镇压下去,但它具有一定的历史意义,在畲族人民反抗斗争史上留下了光荣的一页。

近现代畲族社会面貌

由于畲、汉两族长期交错杂居,在经济、政治、文化等方面形成了不可分割的紧密联系。1840年鸦片战争以前,畲族社会是一个以自给自足的自然经济为基础的封建社会,鸦片战争以后,随着资本主义列强的入侵,居住在我国东南沿海地区的畲族也和全国各族人民一样,逐步沦入半殖民地半封建的悲惨命运中。

资本主义列强入侵我国,迫使清政府签订了许多不平等的条约,开放我国东南沿海的广州、福州、厦门、杭州、上海、宁波、温州、三都澳等通商口岸。特别是闽、浙两省的通商口岸开放后,资本主义列强的商品——布匹、棉纱、呢绒、毛织物、洋胰、洋伞、洋油、火柴、烟草、肥田粉及金属器具等,源源不断地经由水陆交通输至福州附近的闽侯、连江、罗源,三都澳附近的霞浦、福安、福鼎以及温州附近的瑞安、平阳、青田、丽水、景宁等县的畲族乡村,逐渐破坏了畲族地区的自然经济。

资本主义列强的侵略使近代畲族地区的经济逐渐变成为半殖民地半封建的经济。在帝国主义和封建主义两座大山的重压下,畲族农村呈现出一片凄凉、衰落、凋敝的景象。广大畲族人民陷入水深火热、朝不保夕的境地。"官逼民反",整个近代时期,畲、汉两族人民反抗斗争如火如荼,如19世纪50年代,他们在太平天国革命精神的鼓舞下,以实际行动积极支持配合太平军作战,被清政府诬为"土匪从乱如麻"。19世纪70年代以后,福建各地畲、汉人民又掀起反洋教运动,焚毁教堂、痛殴教士之事屡见不鲜。20世纪初,随着革命形势的发展,闽浙畲、汉人民热烈响应辛亥革命,发动新军起义,攻打抚署,捕杀巡抚、总督、将军等。在频繁的反帝反封建斗争中,畲、汉人民都是相互合作、团结战斗,沉重地打击了帝国主义和封建主义的反动统治。

新民主主义革命时期,畲族人民在中国共产党的领导下,同汉族和其他少数民族一道,进行了二十多年英勇不屈、轰轰烈烈的革命斗争。经历了国民大革命、土地革命、抗日战争和解放战争四个时期,在人民革命的历史上写下了光辉的一页。

大革命时期,广东是当时全国农民运动的先进省份,畲族散居的增城、博罗、惠阳、大埔、潮安等县在党的领导下都成立了农会组织,畲、汉人民共同组织了革命武装——农民自卫军,展开减租抗捐退押、反抗地方武装民团的压迫以及反帝反封建军阀的斗争。闽东的畲族也逐渐觉醒,畲族群众同汉族一起展开抗捐抗税的斗争,浙江畲民也积极投入反帝反封建的斗争,1927年2月在党的领导下,发动瑞安县的三万多畲、汉两族农民、工人和商人,举行示威游行,捣毁反动商会,取得了一定的成绩。

土地革命时期,在闽西、闽东、浙南等畲族地区,党组织和苏维埃政权相继成立,并积极领导土地革命运动。1931年后,闽东党组织根据群众的切身利益,提出抗捐、抗税、抗租、抗粮、抗债的口号,积极领导畲、汉两族农民展开"五抗"斗争,并取得了一定的胜利。畲族农民经过斗争的洗礼,思想觉悟得到进一步提高,赤色农会、贫农团、抗租团、妇女会、儿童团等革命组织在畲族地区像雨后春笋般地发展起来。

1934年春,闽东苏维埃政府宣告成立,浙南的泰顺、平阳、遂昌等县也相继成立了苏维埃政权,这是畲族人民翻天覆地的大喜事。苏维埃政府成立后,便制定分田大纲,颁布土地政策,领导畲、汉两族农民开展千百年来梦寐以求的土地革命。在分田政策中，规定畲族与汉族一样按人口平均分配土地。但由于王明"左"倾机会主义路线的危害，使革命事业遭到极大的破坏。1934年10月，中央苏区的工农红军主力部队被迫退出中央革命根据地，举行二万五千里长征。正当主力红军撤离北上，国民党反动派便集结军队在各地进行疯狂反扑，当时进攻畲族聚居地的闽东苏区的反动军队达十万多人。

在白色恐怖下，畲族地区的党组织被破坏殆尽，革命根据地遭到严重摧残，革命转入了低潮，但畲族人民的革命意志坚强不屈，始终坚持斗争，迎来了伟大的抗日爱国运动和解放战争。

1937年7月，抗日战争爆发后，民族矛盾上升为主要矛盾，畲族和全国各族人民一起在中国共产党的领导下，投入了伟大的神圣的抗日战争。这时党根据国共合作抗日的协定，畲族聚居的闽东、浙南迅速恢复了党组织，党员人数激增，妇女会、青年会、民众队、晨呼队等各种群众性的抗日救亡团体普遍建立，广泛开展抗日宣传活动，提出"有力出力、有钱出钱、有枪出枪、有知识出知识"等口号。经过党的教育，畲族群众的爱国热情大为高涨，广泛开展支援抗日前线的工作，自动捐钱捐物，慰劳前方战士，优秀青年有的参加新四军，北上抗日；有的参加后方游击队，运送粮食，购买军需，投入神圣的抗战事业。

抗战胜利后，国民党反动派不顾全国各族人民饱受战争创伤而要求和平民主的愿望，于1946年7月发动了全国范围的反共反人民的内战。畲族人民在党的领导下，采取各种方式，诸如破仓分粮、抗捐、抗税、抗粮、抗租、抗丁等，同国民党反动派展开针锋相对的斗争。在浙南畲族地区又重新建立起农会、民兵组织，全面展开向地主"借粮"运动。组织游击队，坚持敌后斗争，牵制敌人，配合解放军作战。从政治上、经济上给反动派以有力的打击。在粤东的潮安、博罗等县的畲族群众也积极支援配合游击队，广泛开展反"清剿"的斗争，并坚持到解放战争取得完全的胜利。

综上所述，畲族人民在战火纷飞、艰苦卓绝的年代，用鲜血和生命写下了自己民族历史最光辉的一页，对中华民族解放事业做出了宝贵的贡献。

第二章
畲族风俗

畲族大多在封建统治势力比较薄弱的偏远山区聚族而居，在长期生产生活中形成独具特色的风俗。虽然风俗有地域差异性及随着时代的变迁有新变化，然其宗旨依然如故，形式经久不变。

女性发式与服饰

发式

闽东北畲族妇女发式称为"凤凰髻"。少女16岁前用红绒缠辫子,盘绕头上,额前留刘海儿。成年妇女发式随地域不同略有差异。流行于闽侯、福州、古田、连江、罗源和宁德南路飞鸾一带的发式称为"凤头髻",即将头发拢于脑后卷成两股,套上一支竹木或铁丝制成的细长发饰,将两股头发高叉缠绕着,固定于头顶,再缠以红毛线,使头额显高突状。随着年龄的增大,突状头发变小变扁,中老年妇女用蓝色或黑色毛线缠绕。

> **知识链接** 凤凰髻,潮州有句俗语"匼(高)过凤凰髻",喻最高无可比。

未婚少女头饰 ▼

流行于福安和宁德大部分区域的发式称为"凤身髻",即将头发分为前后两部分,后面头发扎成坠壶状,前面头发平盘绕于额前,再用红毛线缠绕于额上,又称"碗匣式"或"绒帽式"。为了使前面发髻宽大,已婚妇人添加上假发,发式正面如黑色缎帽,侧面如凤身。福鼎和霞浦西路发式称为"凤尾式",即不添假发,将头发分为前后两部分,前部分头发收拢,扎上红毛线用发夹固定,别于一耳侧。后部头发梳成三束编为辫子,用红毛线扎紧,盘于头顶。霞浦和福安东部与霞浦相邻的松罗、溪尾一带发式称为"福宁头",呈海螺状。使用假发将头发分为前后两部分。后者将裹于黑布的竹笋壳扎在头发中间使头发膨松下坠。前者以三股发束旋绕,用发夹固定盘于头顶。

◀ 已婚妇女头饰

闽南、闽西有的畲村妇女发式也不同于当地汉人,如漳平、华安、漳浦、长泰等县畲族妇女发式为"龙船髻"。漳平畲歌云:

▲ 已婚妇女头饰

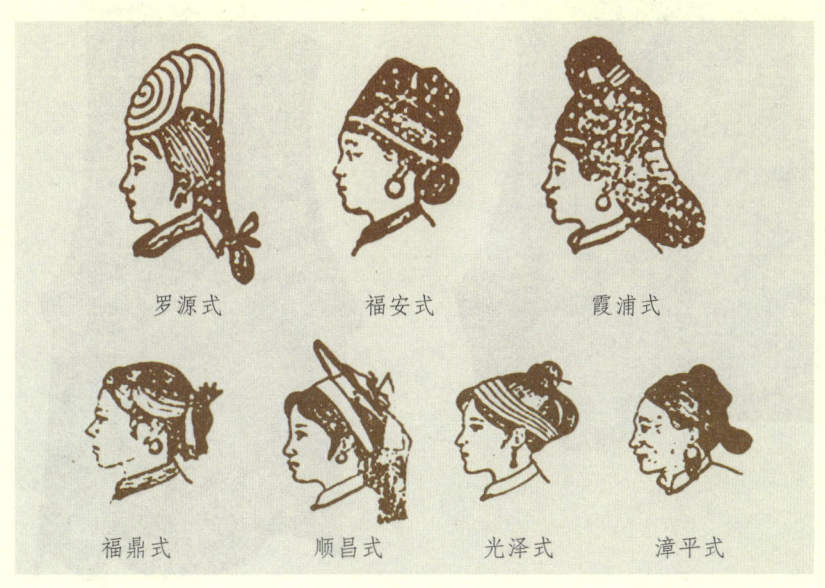

罗源式　　　福安式　　　霞浦式

福鼎式　　顺昌式　　光泽式　　漳平式

第二章　畲族风俗　029

"十二（岁）女人心花花，头发再短要留长，头上盘个龙船髻，结个髻子顶楼梁。"畲女发式是将头梳成壶状，罩上发网，插上银簪，有时包上四角缀着纽绒球的方头巾。光泽县畲女发式是将头顶中间头发束起，又将四周余发梳拢束好，再与中束头发绾成螺髻，并插上10厘米长的银簪，然后蒙上黑头巾，最后以黑金花纹的带子缠绕。

浙西南畲族妇女发饰称为"笄"，具体装扮法是将头发梳成单辫，盘于脑后，打成发髻，发脚四周绕上黑色绉纱，头顶置银箔包的竹制发筒。发筒直径约3厘米，长9厘米，富户以银制。发筒外包以红布，银钗高挑，4串长料珠和1串红黑相间的料珠穿在绉纱上，插上1支银簪，另以8串尾端结有小银牌的料珠系于笄尾，垂于双耳。平时劳作裹以蓝布方巾或毛巾。

服饰

畲族妇女服装又称为"凤凰装"，以闽东诸县最有特色。上衣为黑色大襟交领式，两旁开深衩，后裾长于前裾，衣衩后裾内镶白边、红边或蓝边，盛装时外露。通身无扣，在右衽襟角有两条白色、红色或蓝色系带。领口、两襟及袖端饰以花边，领襟

男坎

女坎

畲族服饰展演

花色繁复，以红、黄、绿、蓝、黑等5色绣成各式花纹。有的服饰花边延至肩部和胸部，畲女装更为华丽。

福安上衣沿服斗的边上缝一条3~4厘米的红布边，边下端靠袖头之处绣半个方形的角隅花纹。畲家称，这是上古高辛帝赐封

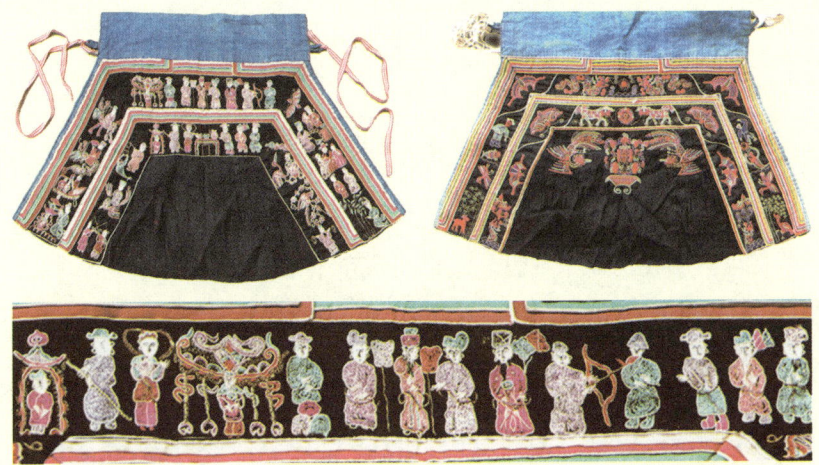

畲族围裙

时所盖的金印。福鼎女服在右边襟袖间有两条比衣襟还长的红色绣花飘带，畲家认为是高辛帝敕封的。

霞浦县畲女上衣尺寸特异，即前后裾等长，大襟上有服斗，小襟上也连做一个服斗，便于翻穿，做客时穿正面，日常在家穿背面，同时衣服按绣红色花边的多寡分为"一红衣""二红衣"和"三红衣"。

围兜，又称"合手巾"，俗称"围身裙"或"拦腰"。多为黑色，也有水绿色。兜身有褶，兜面绣花。简装围兜，在兜面上端两角刺绣简单花样。盛装围兜，绣工讲究，兜身绣上繁复的大朵云纹样，再配以柳条纹，最豪华者绣上八仙过海等神话人物，有的此类人物多达48人。

畲女下身穿黑色短裙、短裤或长裤。穿短裙或短裤时，脚上打绑腿，畲家称为"脚绑"，绑腿为黑色或白色，有的黑、白、红三色相配。有的绑腿布末端有红色缨络，可垂于小腿上。

▲

畲族新娘鞋

▲

登山虎

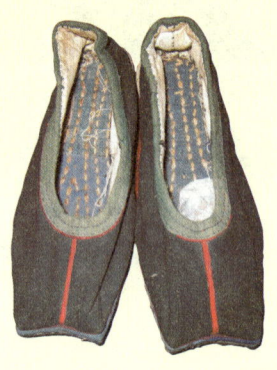

▲

女布鞋

鞋子为黑色布底平头鞋，鞋面绣花，上有一道中脊，绣上红点，称"丹鼻鞋"，也有两道中脊的，称"双鼻鞋"。畲民平时还着木屐，呈长方形，厚1.5厘米，底部有鞋齿，不分前后，相传穿木屐走路，野兽不辨方向。

饰物

畲女饰物以婚礼时所戴的凤冠最为华贵，明清时代南中国诸省畲女均有此物。冠由身、尾两部分组成，冠身为一竹筒，长约17厘米，下端开一弧形缺口，上裹红布，外镶银片。银片上铸各种花纹和神像，正面为变形龙头纹。冠身覆一红色苎布罩饰。尾部伸出，两旁各饰二条琉璃蓝色串珠与尾部连接。尾饰是竹木制四齿发簪，外蒙红绸或细苎布，还附上各种银链、银簪及牛骨簪等饰物。冠身戴在发髻顶部，尾饰插于发髻后柄上，琉璃珠饰分垂于两肩。凤冠在结婚和去世时必戴外，还在做客、庆寿、贺喜等场合使用。

◀ 凤冠

"山哈带"，又称"花带"或"字带"，为畲族吉祥物。用丝线纺织而成。宽者6厘米，窄者1厘米；长者达1米多，短者30厘米左右。纹样不定，有蓝底红花、绿底白花、白底黑字等。系于腰间，称为"护身带"；藏于身边，称为"子孙带"；定聘时，称为"定亲带"，馈赠时，称为"如意带"。

平时饰物有发饰、耳环、耳坠、耳牌等；首饰包括戒指、手镯等，大多为银制品，也有小部分为铜、铁制品。

畲家姑娘7岁穿耳，始挂耳环，少女时代多戴耳坠，坠有小奶头形、大奶头形两种。大奶头者，如手镯大，为已婚妇女所戴；小奶头者小于前者三分之一或二分之一，为未婚少女所戴。有的老年妇女的银耳饰通长约6厘米，顶部有蝴蝶形银花镶于弧状圈饰上，下面吊着10多串小银链，其尾端挂一细小的柳叶形银片，中间的银链上吊着花瓣形圆环，环上挂3串小银链。

戒指，又称"手指"，上有花纹或八卦、吉祥字眼等纹

畲族银饰 ▶

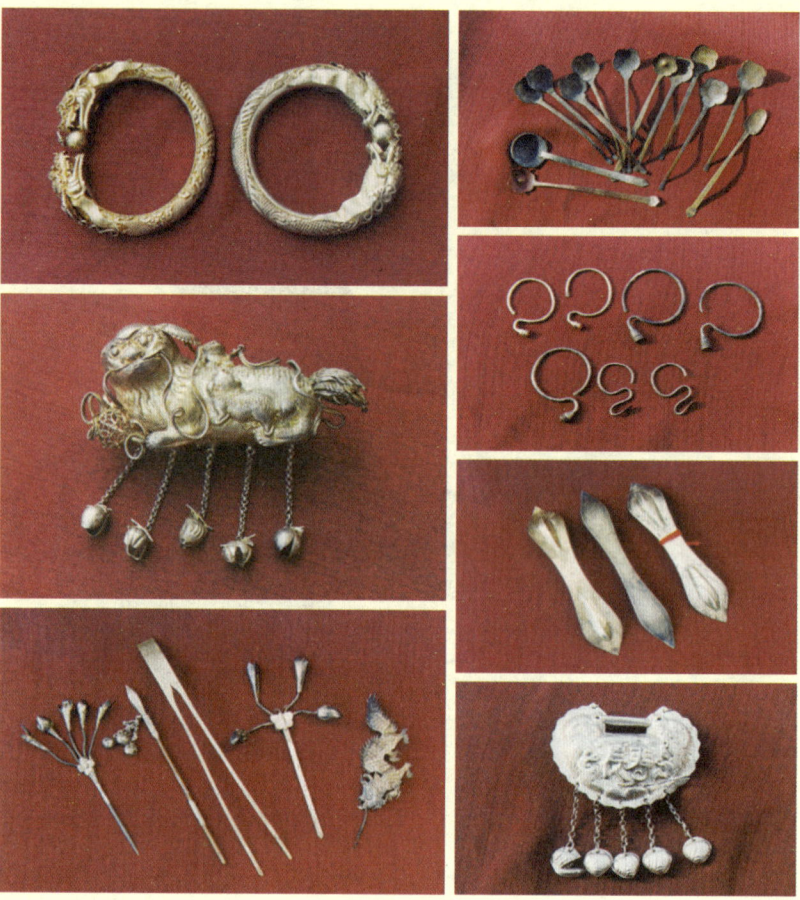

样，精致者上端缀有小铃铛。手镯，有鸳鸯镯和提花九环银镯，可张缩。

特色节日饮食

畲族传统节日的特色食品主要有乌米饭、菅叶粽和糍粑等。

乌米饭

制作方法是采畲山一种野生植物乌稔树（乌饭树，杜鹃科）的叶子，置于石臼中捣烂，烂叶贮于布袋中。烂叶连袋放入铁镬里，加水熬汤，释出紫黑色的汤汁。而后去袋与叶渣，将精选的糯米泡进汤汁里，数时后捞起，放到木甑里蒸熟即

▲

乌稔叶

◀ 乌米饭

成。乌米饭色泽乌黑发蓝，并带有油光，香软可口。乌米饭置于通风或阴凉处，数日不腐。食用时，以猪油炒热，味道更美。吃后可健脾开胃，增进食欲。乌米饭在农历三月初三食用。

菅叶粽

制作方法是，在裹粽的前数日，往畲山砍回一种野生灌木，俗称"黄碱柴"（山矾，山矾科），将其烧灰淋水，过滤成黄色碱水。在裹粽的前一天，再往畲山砍回野生或人工种植的"菅草叶"（五节芒，禾本科），放到铁镬经过沸汤烫软以防脆裂。裹粽

◀ 菅叶粽

时，先把精选的糯米泡进黄碱水内，浸数时。取两片又长又宽的菅草叶对折槽状，再取一片菅叶披于槽底，而后舀浸碱糯米数两于叶槽中。装满一捏拳粗，20厘米长时，把披底的菅叶折过来，再把折槽的菅叶折过去，裹包好糯米，用棕叶丝缚成五节，即成一条玉米棒子似的菅叶粽，放至铁镬里以猛火蒸煮数时遂成。煮熟的菅叶粽为浅黄色，既黏又不糊口。在糯米中掺少许的花生、玉豆（金甲豆，豆科）、豌豆或嘴须豆包裹，更芳香不腻。菅粽在端阳节和分龙节时食用。

分享
▼

糍粑

制作方法是取山泉水浸泡糯米，历时一天，滤干水，糯米放在木甑里蒸熟，趁热倒入石臼，舂成团状，搓成碗面宽的饼状糍粑，即可食用。沾上红糖拌芝麻粉，更香甜可口。素有"冷粽热糍"之誉称。浙南畲谚云："大人生日一臼粑，小孩生日一双蛋。"

春糍粑
▼

传统民居"畲寮"

畲族称房屋为"寮",或随当地汉族称为"厝"。草房,俗称"草寮"或"草寮厝",是畲族旧时主要的传统民居。当地汉族所称"畲寮"者指此。

畲族进入封建社会,大都居处在深山穷谷之中,往往聚族而居,自成村落。他们一般住草房和木结构瓦房两种,房屋结构与当地汉族大致相同。山区畲民多在深山中搭盖极为简陋的山棚,通常以数根竹木为支柱和主架,用小竹或竹片缚成框格屋架,其上覆盖茅草、稻草等编制成的草帘片,以葛藤或小竹扭扎固定。屋墙多以小竹或芦秆编成篱笆围成,俗称"千枝落地"。

定居农业后,逐渐改进为土

◀ 白露坑民居

◀ 林岭村民居

福安溪塔村孩儿撑伞厝外景

福安溪塔村孩儿撑伞厝梁架结构

木结构。木结构瓦房两层的较少，两层楼房用木板分隔成若干间，一般为方形，房顶呈金字状，有厅堂、边房。室内一般都是一厅、左右厢房，中间厅堂又分前后庭，中有木屏间隔，两旁留两个小门，左门顶上设神位，右门顶上设祖先神位，后庭放置日用杂物，如磨、臼或饲养家禽等。左右两厢房各分隔为两间卧室，室内陈设简陋。

畲族人民大部分居住在丘陵山区地带，由于环境及生产生活条件的局限，其建筑工艺材料均就地取材。在畲族山村以土筑墙的房屋普遍居多；整座房屋为土木结构，支撑外围的墙体即用泥土夯筑，房屋内用杉木架空，形成穿斗式木结构。其中比较典型的有"孩儿撑伞"式的建筑格式：房子中间立有一柱，四面土墙，上盖青瓦，靠四根横梁"十"字形交叉于墙上，顶梁柱是整个屋架的支撑点，其结构如撑开的伞。

农耕与狩猎的生产

畲族是农耕民族,明清时代由于生产力低下,有抛荒和轮耕的习惯,而且以狩猎作为农耕的补充来维持生活。

农耕

畲族以山地农耕,生产旱地农作物。番薯是山区畲民的传统主粮,自明代开始被漳潮地区、闽东、闽北、浙南、浙西畲民广为种植。番薯加工的方法是把冬季收成的薯块刨成丝状,倒入木楻加水洗涤,并捞起摊放竹匾上晾干,也有加水直接将薯丝晾干者。晾干的薯丝俗称为"番薯米"。20世纪50年代之前,畲民还食用自家耕种的旱稻,旱稻又名"园稻""畲禾"。这种稻谷产量低无法成为主食,多用于年节与接待客人。传统的谷物加工有土砻砻谷、竹筛筛谷、风扇扇壳、手舂舂米、筛糠、簸壳等几道工序。20世纪50年代土地改革后,畲民分得水田,80年代农业科技发展,水稻单产提高,大米成为主粮,番薯逐渐作为饲料,90年代畲民将番薯直接用粉碎机加工成番薯粉,以提高经济效益。此外,种植蓝靛、苎麻和栽培茶叶、采薪烧炭也是畲族重要的生产劳动内容和经济来源。

以农为本的畲家在祭祀活动和时令节日中均设有祈求神灵保

▲ 畲族采茶

◀ 春茶飘香

佑田园世界风调雨顺、五谷丰登的仪式。长年累月的农业生产，畲家积累了丰富的生产经验，他们将二十四节气的农事活动编成畲歌《二十四节气歌》：

正月雨水便来透，作田郎子心莫愁，
立春过了便雨水，春天阳光满洋照。
雨水过了惊蛰前，天上雷公响战天，
惊蛰过了便春分，阳气照人好耕田。
春分过了清明来，作田郎子紧紧来，
清明过了便谷雨，田中誓忙莫相退。
谷雨立夏是相连，田若不布便落空，
芒种过了便夏至，夏至布田没个屁。
夏至过了小暑来，田中禾苗青苔苔，
六月小暑连大暑，天若不热禾苗退。
立秋处暑七月节，作田郎子便巧闲，

青青茶叶

捡茶

田中禾苗勤去管，年情若孬莫怨天。
八月白露连秋分，日夜长短是平分，
田中五谷仰定熟，作田郎子眼不困。
秋分过了寒露上，田中禾谷便转黄，
寒露过了来霜降，田中禾谷是怕霜。
霜降过了是立冬，禾谷收转忙冬种，
立冬过了便小雪，管好牛羊好过冬。
小雪过了大雪透，五谷收好心不愁，
大雪过了就冬至，办菜过节何兴头。
小寒大寒过年沿，天冷地冻是没变，
勤劳丰衣又足食，懒汉没米难过年。

▲ 喜摘葡萄

狩猎

畲家男子善射猎，狩猎时既有单独行动也有集体行动。个人狩猎对象是小型野兽，集体狩猎对象是较大型野兽。猎犬是畲家行猎人的得力助手，个人狩猎更为需要猎犬相帮。在一般情况下，狩猎都需要协调行动，即3~5人一帮，7~8人一伙，事前做好分工，共同到达狩猎地点。有人"赶山"，即随带猎犬搜山，有人"把口"，即守候在野兽必经之路，伺机射击。

◀ 石子路

知识链接 **咬暝** 有些猎犬会在黑夜独立出动，咬住野兔等猎物回家，俗称"咬暝"。

畲家出门行猎时，要手点茗香，叩头三拜猎神，口念："祈求元帅，保佑弟子上山。铳头落火，铳尾得财。"广东九连山畲村出猎前先拜打猎大王，并于正月春分日定为猎神节。凤凰山、莲花山、罗浮山区畲族祀奉"射猎先师"或"猎爷""猎娘"，他们出猎时都得在村口大树下的上述猎神石坛前祷告。打到猎物时，也要拿到猎神面前供祭，祭毕才分配猎物。

畲女赶山

获得猎物时，猎户必须立即用绳索将猎物四脚捆住。否则，过路人和参与看热闹者都可以分享一份兽肉。按照惯例，击中猎物第一铳者，可分得兽头、兽皮和前脚尖沿兽身拉直后凡其脚尖所指之处的部分兽肉。要是第一铳虽然击中，但野兽仍在奔跑，由另一个人补铳后野兽才死的，兽头、兽皮归第一铳者，兽肉部分则要与补铳者均分。其余兽肉按出猎者，包括围观者，按人头平均分配。有时，连猎犬和村内丧失狩猎能力的老人都可以得一份兽肉。要是所获的猎物较小，如野兔、雉鸡等，则推举一人负责烹煮猎物，各户提些酒来一同聚食，俗称"散野神"。

> **知识链接　交通**　明清时代畲族聚落地点偏僻，县县相通的官道很少经过畲村，畲家村寨之间只有羊肠小道相接，道路崎岖难行，畲家人除日常步行外，就靠肩挑、人扛、背驮搬运物资。肩挑工具是竹木扁担或串担加拄杖，前者使用范围广泛，后者主要限于串起柴捆的担子等近百斤以上重物。畲家男女老少长年累月跋山涉水，挑重担走长路，俗称"挑长担"。经过十里八里、担日挑月、风来雨去的磨炼，他们一般都是"挑长担"的好手。20世纪50年代中期，畲村开始修筑机耕路，"大跃进"期间，搞"车子化"运动，开始使用人力板车，70年代开始使用手扶拖拉机，80年代小型运输车用以载客运货，畲村交通落后面貌得以逐步改善。进入21世纪，村村通公路，家家出行有汽车已成为畲乡的常态。

多姿多彩的婚俗

畲族恋爱婚姻比较自由，畲歌云："情义两字值千金，教娘大胆过来寻，雷公不打风流事，老虎不掏多情人。"此诗反映了畲族青年男女对爱情婚恋的炽热、大胆和率真。他们在劳作、出行、节日、婚礼等公开场合互相认识，并往往以歌传情，以歌做媒，表达各自的心迹。随着多次约会，相互了解，发展感情，互赠信物，私订终身，然后才告知父母，托媒说亲。畲族的传统婚俗热闹非凡，从以下选取的几个场景便可窥见畲家婚俗的多姿多彩，独具民族特色。

新娘装

▲

歌为媒

歌为媒

　　畲族传统的婚恋比汉族自由，男女社交完全公开，尽管婚嫁之权也是操在父母手中，但是大多不过是名义而已，决定婚姻命运的主要是当事人自己。青年男女在歌会、社交、劳动等公开场合相识之后，只要有意，就开始以歌传情。虽然畲家也托媒说亲，但是真正的"媒人"却是男女双方那一支支悠扬婉转的情歌。后来受到汉族的影响，包办婚姻才在很大程度上替代了先前的自由婚恋。

　　对象明确之后就可以"搭定"了。畲家订婚也讲聘金聘礼，好像与汉族没有太大的不一样；但是，畲族是非常尊崇女性的，因此传统婚俗男家还要给女方的母舅送猪蹄，给每位姑姑送公鸡，给未来的丈母娘送裤料。

　　更重要的是男女双方要互赠定情信物，唱定情山歌。男方信

> **知识链接** 郎,指男子。娘,指女子。

物是鸳鸯银镯、银戒指、衣料等,女方则回赠银戒一只。定情山歌非常动听,如——

蝴蝶采花定花苑,要是太短娘加长,
织条带子郎缚腰,长了连娘作帮绕。

难为亲家伯

举行婚礼的前两天,男家要在新郎的长辈中选一位"肚才"好的做"亲家伯",代表男方到女家去迎亲。"难为迎亲伯"是畲家婚俗中最具喜剧性的精彩节目。女家在办"出门酒"之前就设了三个"关"来难为迎亲伯。

第一关是落座。亲家伯到来,女家开门鸣炮迎进家中。这时亲家嫂就在厅堂的左边为亲家伯设座,亲家伯应将座凳移到右边,表示谦让。坐定之后,女家将亲家伯送来的礼肉过秤。亲家伯在一旁语带双关地笑问:"有秤(亲)没秤(亲)?"过秤阿嫂笑答:"有秤(亲)有秤(亲)。"亲家伯顺利过关,众人皆大欢喜。

第二关是饮茶。亲家嫂用茶盘端出"宝塔茶"唱道——

迎亲花轿进娘家,大细男女笑哈哈;
树尾橄榄果未黄,先敬一盘宝塔茶。

畲族民俗小品《难为迎亲伯》剧照

戴凤凰冠

畲族宝塔茶

> **知识链接** "宝塔茶"是畲家独特的茶俗,共三层五碗,上下层各一碗,中层三碗,叠架在茶盘上,形像宝塔,故名。

亲家嫂唱毕,亲家伯赶紧接唱——
端凳郎坐就算是,又要泡茶太客气;
清水泡茶甜如蜜,宝塔浓茶长情意。

然后亲家伯咬住"宝塔"上层的一碗茶,同时用双手小心翼翼地托起中层的三碗茶,连同剩在茶盘中的一碗,分别递给四个轿夫;自己则徐徐抬头,饮干用牙咬住的第一碗热茶。亲家伯假如取不下宝塔茶或者出了差错,就要受到众乡亲的嘲笑和戏弄。

第三关是盘歌。阿嫂和亲家伯盘诗对歌,连盘两个晚上。所盘多是冷僻的歌诗,而且不能有不吉利和淫秽的内容。经过这一番考验,"肚才"好的亲家伯,女家不敢小觑,也暂时不再为难他,以宾客的礼数相待。

在"出门酒"席上，女家还会找来一位"肚才"、酒量俱佳的长者为"保定公"，继续为难亲家伯。这又是一次机智、礼俗和酒量的综合考验。难怪等闲之辈是不敢贸然去当这个"亲家伯"的。

借镬

闽浙交界的畲村亲家伯在结婚前夕带一位厨师挑着厨料到女方家设宴。这时女方家先把厨具一一藏匿，厨师唱《借镬歌》，唱一件，"借"一件，主演"借镬"仪式。要是哪一样唱不出歌来，哪一件就不"借"出。

仪式开始时，厨房中已挤满围观的人，村上的女性围在灶边，阿姨舅母端上一块肉和两块豆腐以及点着一对红烛的米筛，向厨师作揖，厨师接过上述物品对揖后放在灶台上，开始念开场白："郎儿掌山头，乡见柴林，少上书堂，口源来短，古礼难全，念错莫怪，阿姨舅母，多多原谅。"再念《借镬词》，序歌为赞美女家环境：

今晡来到太公乡，太公掌的好寮场，
门前麒麟对狮子，寮后金鸡对凤凰。
龙马相对在寮场，观音坐落在中央，
金字寮门八字开，郎儿借镬上门来。

接着，厨师随口唱起借用各种炊具的谜语歌谣：

要借四方一垛墙（炉灶），
中央开双大龙潭（铁锅），
铜镜双双对明月（锅盖），
金乌洗浴水中央（水勺），
再借金网捞珍珠（笊篱），
木龙上天起云雾（饭甑），
双龙抢珠大城内（火钳），
玉女吹箫云头过（火管），
仙女点香来洗坛（锅刷），

> **知识链接** 镬（huò），形如大盆，用以煮食物的铁器。晡（bū），申时，傍晚。即午后三点至五点。

凤凰伸腰五味香（锅铲），
金童举掌开火路（火铣），
三脚落地火焰山（风炉），
两耳朝天喜洋洋（小锅），
鲤鱼翻白凑成双（菜刀），
江南兰花金玉盏（酒杯），
青龙引水点茶香（茶杯），
亭亭仙鹤立木台（酒壶），
姐妹双双不分开（筷子），
……

以上炊具、餐具一一"借"齐后，厨师唱道：
灶前借转寮厅堂，漆桌交椅摆两行，
仙落凡间来贺喜，六亲食酒齐相帮。

柘荣湾里畲族婚礼传承着男生献茶的习俗

他边唱边开始坐下烧火和刷锅煮食。这时，灶边的柴火全是湿的生不着火，即使生起火，亲家妹还会用口吹灭。懂规矩的厨师要准备棉花、蜡烛等易燃品来点火，只要火一生旺，湿柴即被搬走而换成干柴。厨师刷镬、添水、下肉的动作要异常迅速，否则亲家妹们会在刚刷净的镬里撒入一把砻糠，使他煮不成食。懂规矩的厨师往往把切好的肉全部摆在灶头吸引她们，而衣袖里预先藏一小块肉，待刷完镬，袖筒里的肉就已下镬。厨师持刀杀鸡也很讲究，他在地上铺上围裙，摆上碗，杀完鸡，鸡血得直接滴入碗中，如果滴在围裙上就得罚酒，一滴血罚一碗酒。杀鸡时，亲家妹故意碰撞厨师，使鸡血滴在碗外，而另外几位姑娘则一人执碗，一人提壶，斟上满满的酒让厨师喝，不喝还动手灌。而有经验的厨师则往往乘亲家妹不备突然起刀，滴鸡血于碗中，把鸡头夹进翅膀提走。

哭嫁

畲家女子忌18岁出嫁，据说那样就要落"十八难"，故此旧时畲家女子多在17岁或者19岁成婚。

畲家女出嫁时不论对亲事是否满意，都要"哭嫁"。所谓哭嫁，实际上是用哭腔来唱歌，以此来表达对父母和娘家的留恋，为娘家讨个吉利。"哭"得愈厉害，人们对新嫁娘的评价就愈

◀ 哭嫁

高,因为大家都认为这样娘家日后的"运气"将会很好。

哭嫁是畲妹子的必修课,从小就开始学练,到出嫁离开娘家时,和盘托出。哭嫁是有程式的,所唱歌诗也有先后。大体上有:

《骂媒歌》——新娘与媒人的对唱;

《哭轿歌》——新娘的姐妹与轿夫的对唱;

《恋姐歌》——新娘与其姐妹的对唱;

《别爹娘》——新娘与爹娘的对唱;

《别兄嫂》——新娘与兄嫂的对唱;

《别六亲》——新娘与六亲的对唱;

《别母舅》——新娘与母舅的对唱。

最为感人的是《别爹娘》:

新娘:阿爹被人骗得多,给我安落无好家;
　　　今晡与爹共桌食,明日分散远遥遥。
　　　阿母养我不是男,轿门向爹察里来;
　　　头毛未长就叫定,身无人高就喊抬。
　　　阿母养我不是男,今晡要去别人家;
　　　兄弟姐妹都未大,我今真真离不开。

爹娘:养女九岁到十岁,六亲就来讲做媒;
　　　亲家早年就喊叫,今晡没胆再三推。

新娘:阿爹阿母没心肝,把我安转白云山;

第二章 畲族风俗 049

> **知识链接** 爨（cuàn），灶。

一时分爨远遥遥，你拿什么伴娘行。
爹娘：父母嫁女出外乡，未曾请人做嫁妆；
陪嫁也没金银宝，笠斗棕衣来陪娘。
众人：好娘对好郎，好柴烧火朗豪光；
好仔不要爹家继，好女不要母嫁妆。

新娘哭唱完还依依不舍，一直到午后才开始梳妆。这时要将"布妮仔"的少女发式改变成成年妇女的"凤髻"。新娘强烈地表示不愿意，阿嫂们将她抱住才梳成"凤髻"，然后请母舅为她戴上"凤冠"（前面饰有许多银质流苏的红帽子，畲民称之为"头髻"），母舅则往新娘兜里塞"凤凰蛋"。

畲岭迎亲
▼

男拜女不拜

畲家拜堂仪式独具特色。拜堂时，厅堂上通常张贴着"功建前朝帝誉高辛亲敕赐，名传后裔皇子王孙免差徭"的对联，横眉为"凤凰到此"。新郎头戴红缨帽，身着蓝色长衫，肩披大红新带，脚穿双鼻布鞋，由伴郎引至厅堂，站立在新娘左侧，在一片歌声中，行三跪九叩礼。先向天地，继向"香火堂"祖宗牌位行三跪九叩礼。新娘则头戴凤冠，手执花绢掩面，不拜。有的畲村是夫妻俩一拜天地，二拜祖宗，三夫妻对拜，

◀ 男拜女不拜

◀ 回娘家

新郎跪拜而新娘只揖纳"万福"。这就是畲族婚礼中男拜女不拜习俗，新娘不跪以显示其女始祖三公主的尊贵。

> **知识链接** **新娘花绢掩面** 根据畲家古老传说衍化而成。这个传说的畲歌云：
>
> 　　　　当年天火烧泥灰，海边石母翻上来，
> 　　　　眼见天下无人种，乃剩元仙两兄妹。
> 　　　　兄妹怎么敢结亲，开口就问石母神，
> 　　　　石母开口答应话，石壳双合好结亲。
> 　　　　兄妹两人约定当，手背石壳高山上，
> 　　　　背到山上双滚落，石壳双合结姻缘。
>
> 到了完婚时，元妹感到羞愧，就摘树叶把自己的脸遮住，畲家新娘花绢掩面之俗源于此。

尊重生命的丧葬

报丧

畲族遇家人亡故，必须向亲友报送死讯。亡者为男性，得径告亲房叔伯；亡者为女性，先得风雨无阻告知娘家亲人，特别要邀请母舅前来吊唁，并参与监察入殓等事宜。报丧者男女皆可，报丧时须反穿衣服，到亲友家不必声张，只将雨伞靠放于中堂庭壁上，人们便知噩耗。故平时做客不能径自把雨伞放至中堂，而只能先将雨伞置于门外。与此同时，报丧者将一片草纸置于中堂几桌上，上书入棺、超度、行棺、安葬等时辰。报丧者遇长辈须下跪，遇平辈得作揖。要是孝男，还要跪在母舅家门外泣诉噩讯，接受报丧者听了诉状要煮面和荷包蛋接待报丧者，并送给红包，为其"讨衣食"。

讨位歌

哭丧

唱哭丧歌者主要是外嫁的女子以及女眷、女客。特别是外嫁的女子，接到讣告时，先是哭悼；其次，问明死因；再次，开箱取出出嫁时娘家已做好的压于箱底的麻布衫穿上。一路哭吟丧歌赶来。有些歌词都是代代传承的，有些则是后人即兴编成的。父母亡故日，出嫁女子都要带回一只鸡，晚上供于灵前，叫"煞尾礼，孝到底"，以示最后一次孝敬父母。在灵床前，夜以继日地哭唱，直到下葬为止。

> **知识链接** **畲族哭丧歌** 源于畲族盘瓠传说。相传盘瓠在凤凰山行猎时，不幸被山羊撞落悬崖，身躯挂在树丫上，受到百鸟的啄食。盘瓠的妻子（高辛帝的三公主）闻讯赶到，高声疾呼，即情编歌，边歌边哭。其他亲友知道了，也赶到现场敲起木梆，吹起螺号，为盘瓠赶鸟，相沿成俗。

接娘家

畲族女性的娘家，俗称"后投"。女者死后，"后投"多托其兄弟前来奔丧吊唁。奔丧者快到时放三个双响鞭炮，予以报信。这时，孝男孝孙应穿孝服，各人手点茗香三支，按辈分大小，跪在大门处迎接。娘家一人收下孝男女的香，另一人双手扶起孝子孝女，口念"孝男进喜"，孝子们起身，互相对揖，再重新点三支茗香，朝天三拜，以示拜天，再朝内三拜，以示拜地，三朝中堂四个角落各一拜，称拜"四角天王"，之后又拜死者，将茗香插入香炉。完了，孝男打汤水给来者洗脸洗脚、端茶、送点心。接着，来者还要向亲邻了解死者病亡经过，检点死者穿衣层数、棺木质量和安葬地点等。一切经过来者许可后，方得装殓。要是来者对死者死因有怀疑，或对丧葬规格不满意，或死者生前被人虐待，他便有权干涉。有的来者甚至不分青红皂白，先"闹"一番再说，俗称"闹丧"。

装殓

畲村一般人过了40岁便在山上留养棺木树，过了50岁便可预先制棺，做棺木时，出嫁的女儿及干儿女都挑酒席来请木匠师傅。请了酒，主人回件孝衣。棺木又称"寿林"，预制时间一般在清明日、冬至日或择吉日。"寿林"多用杉木，棺木板数为双数，如八、十、十二等。其"寿林"上下左右仅用四块最佳的杉木串成，俗称"全城"，或称"全天地"。要是未做"寿林"者，"寿林"价由女婿分担。"寿林"平时忌启开。老人一旦咽气，亲人就向死者嘴里投一粒冰糖或酒少许，意为使他心里甜蜜，并用一块烤熟的鸡蛋封他的嘴巴。死者衣着穿戴，除"亡故先师"寿衣特殊外，一般亡者，按闽东畲族习俗，不论贫富，首先要新、旧衣和有口袋的衣服以及钱、米等物不能装殓。据说，袋和钱、米以及文字如被死者带走，子孙要受穷。

在穿衣前，向水母娘买水洗浴。孝男孝女身着孝服，手撑半开雨伞，并拿陶罐（磁钵）或水桶领锣鼓队到水井边或水坑边，点燃三支茗香，烧化纸钱唱《买水歌》。

超度

畲家以一种最为隆重的哀悼形式超度亡灵,祈望其早日转世降生。畲家认为不行此举,亡魂停留家中,酿成鬼祟,将使得家里及左邻右舍不得安宁。

◀ 超度亡灵

超度仪式,闽东畲族称为"会瞑",浙南畲族称为"做阴功德",粤东畲族称为"打斋超度",江西畲族称"做五和尚"。超度前先布置"师爷间",中堂照壁悬挂"日月紫微星太上老君"图、"十王图""普观祖师"像等。有的畲村还悬挂金鸡、玉兔、凤凰等图像。在图像前,点香燃烛,摆上茶、酒、五果、五菜以及法师的法器等。并在厅堂右壁下放一张条桌,俗称"灵桌",桌上放一只香炉、一盏小瓦灯、一个神主牌。神主牌9.9厘米宽,30厘米长,正面写死者讳名,背面写死者生卒时间。旧时畲家丧俗的超度仪式比较复杂,尤其是"有身份"的人的仪式更是繁缛而且费时费物。随着社会的发展,现在简化了许多,和当地汉族一样,一般也是从黄昏做到次日凌晨,闹一个通宵。畲家孝女要根据超度仪式的程序,依次唱《吊魂歌》《开路歌》《劝食歌》《拜祭歌》等。

出殡

◀ 出殡

畲族出殡时,用一根毛竹或杉木棍抬棺材,一声令下,燃放爆竹,迅速扛起棺木,既要干脆利落,又要平稳踏实。孝子手执孝杖,身着麻衫,脚穿草鞋,扶棺;孝女、女客披麻戴孝随后哭唱丧歌,一直送到埋葬地点下葬。

> **知识链接**
>
> **拔伤** 畲村对非正常死亡者,都延请巫师"拔伤"。意为为亡人解脱伤病魔,以免传染后代。闽东畲村"拔伤"仪式在远离村寨的草坪上进行。这时,搭起彩门,摆起香案,把"伤鬼"请到那里。用36条草绳夹36门伤鬼名称(如跌伤、吊伤、毒伤、火伤、水伤、难产等),通过巫师念咒作法,率兵将把挂在彩门上的草绳逐条扯断。每扯断一根草绳,即认为"送搏"一门"伤鬼",使村里今后不会再有类似的伤亡事件发生。
>
> **"过七"** 畲村有"过七"习俗,也称"巡七"。老人死后7日为"头七",孝男披麻7天,孝女、孝媳妇扎白头绳。丧夫扎绿绳子。不刮锅。14日为"二七"。每逢七日的头一天晚上,在厅堂"灵桌"(放神主牌的地方)上,要放1盅茶、1盅饭,孝男要点香到门口"接七",即喊死者称谓,请他回家过"七日",孝女要"哭七"。有的畲村,自"头七"始,每日三餐都列供品致祭。到了"六七",则要由孝女送好酒好菜上供,哭唱《思亲歌》。次日,还要备酒席,宴请亲属。要是没有女儿者,则"六七"不供。到了49天为"满七",也要由孝男供祭好酒好菜,而后"开孝"。在这段时间内,孝子忌理发,忌看戏,忌参加歌会。有的畲村孝期长,延至3年,父母死后,头年不裹粽,而且百日内忌结婚。

富达蓝氏祖墓

第三章
宗教信仰

畲族以祖先崇拜和多神崇拜为精神内核。对祖先定时或不定时的祭祀,构成了畲族民间信仰的主要方面;多神并祀,佛道俗混杂的信仰体系,造就了畲族民间文化的神秘莫测和多姿多彩。

忠勇王传说与祖先崇拜

忠勇王传说

在畲家世代相承、广为流传的忠勇王传说,其内容在闽、浙、粤、赣、皖虽有地域性的差异,但基本情节相同。

在上古三皇五帝时期,黄帝之孙帝喾高辛发布文告,招募天下英雄以征番邦。畲族始祖盘瓠揭榜应征,一举平定番邦,立了大功。高辛帝大喜,封盘瓠为"忠勇王",并将三公主赐嫁给忠勇王。忠勇王和三公主相亲相爱,生了三男一女。

因为长子是用珍贵的宝盘托奉上朝的,帝喾赐姓盘,名自能,后来封南阳郡,为"武府侯";次子是用宝蓝托奉上朝的,帝喾赐姓蓝,名光辉,后来封汝南郡,为"护国侯";三子是用巨幅的彩绸包裹着上朝的,帝喾见三外孙非常喜欢,这时天上正响起隆隆雷声,就赐姓雷,名巨佑,封冯翊郡,为"立国侯";女儿赐名淑玉,后来招女婿姓钟,名志清,封颍川郡,为"国勇侯"。

忠勇王与三公主雕像

忠勇王与三公主传说

因为盘瓠王过惯了山林无拘无束的生活，因此对王府的生活感到厌倦，于是向帝喾请求举家搬到广东凤凰山区去。临行时帝喾赐给三公主和忠勇王子孙世代免除徭役的朝廷文牒（又称丹书铁券），逢山开山，逢田耕田，永无差徭。于是畲族在东南沿海繁衍开来。至此，畲村随处可见这一"祖公联"："安邦定国功建前朝帝喾亲敕赐，驸马金卿名垂后裔皇子王孙免差徭。"说的就是畲族这段不平凡的历史。

畲族对自己族源的理解虽然不一定是"历史"的，但却是"逻辑"的；不一定是"科学"的，但却是"文化"的。畲族关于族源的传说是畲族先民创造的非物质文化产品，对畲族的民族心理起着决定性的作用。通过帝喾的传说，表达了认同中华文化的共同心理，雄辩地说明了畲族自古以来就是我们伟大的中华民族大家庭中的一员，也是"龙的传人"。

除了这一传说外，畲族连环图、龙首师杖和畲家宗谱也是畲族祖先崇拜的重要载体。

连环图

连环图又称"祖图""太公图""长联""环山轴"等，用连环画的形式表现民族始祖忠勇王的英雄传说。各地连环图的绘制不完全一致，但基本内容相同，大体上都有帝喾当朝、龙麒出

福安凤洋
畲族故事图

福建霞浦白
露坑收藏的
畲族故事图

世、拆榜征番、归朝奉献、招为驸马、讨姓受封、广东发族、闾山学法、狩猎遇难、驸马出殡等情节。该图平时珍藏于祠堂或由族中长辈收藏，一般不轻易向世人展示。

畲族连环图有横轴式的，也有直轴的，一般是清朝的作品，用彩笔绘制在绢帛或细麻布上。

横轴式最为普遍，如古田县凤都镇某畲村的连环图，该图绘制于清康熙三十六年（1697），是闽东现存最早的畲族连环图；又如宁德市蕉城区飞鸾镇某畲村的畲族连环图，又如浙江省民委整理出版的《畲族高皇歌》的卷首插页连环图等。

直轴式的如福安市康厝畲族乡某畲村的连环图,中堂式直轴,一套四幅。

此外还有书册式的,绘在纸上,装订成册供人翻阅,如福安市穆云畲族乡某畲村的连环图。

龙首师杖

龙首师杖又称"祖杖",是畲族显示远祖权威的象征物,平时也是秘不示人(或挂在祠堂中堂壁上,如宁德飞鸾某畲族村),在祭祀祖先的大典上请出展示。

畲族宗谱卷首的《龙首师杖志》对龙首师杖的来历这样叙述:"(始祖忠勇王)……游山畋猎……正月十四日被山羊角伤其左胁,登树杈而卒。……文武官员奏上帝尧,帝思功臣……命将士将树砍回,召青州范氏雕匠刻盘瓠王颜像,名曰'师杖',谥为盘护王,每朔望焚香致祭。"

霞浦白露坑村龙首师仗(清)

福建宁德市蕉城猴敦村龙首师仗

> **知识链接** 畋,打猎。朔,农历每月初一日。望,农历每月十五日。

畲家宗谱

宗谱又称为族谱、家谱、家乘,是宗族或家族用以记录本族世系血缘关系和重要人物事迹的文书。畲族由于大多居住分散,尤其重视修谱,一般每隔25~30年就要进行续修。畲家宗谱一般有四大组成部分。

卷首是关于上古神话和忠勇王的传说、古代帝王准许畲族先民游耕的

溪塔村的蓝氏宗谱

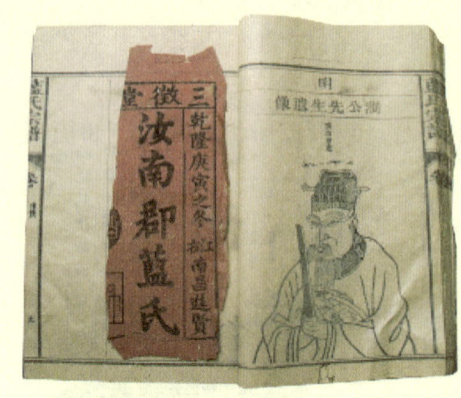

畲家蓝氏族谱

钟氏宗谱

文书和官府"免差徭"的文告等,其作用在于维系民族心理,"报本合族"。

第二部分是祖训、家规、家法、家训等对子孙后代进行训诫的文字,主要作用是用儒家伦理约束和教化族人。

第三部分是本族的世系图表和对全部男丁基本情况的详细记录,目的在于明确世系,保存历史,避免家族血缘关系的混乱。这一部分是宗谱的主体,也是最为重要的部分。

第四部分是附录,主要记录本族的公共产业,如祠堂、山林、族田、祖坟等,以及重要文书、墓志、山川形胜、诗词文赋等。

迎祖祭祀

又称"请祖祭",闽东迎祖即接迎祖亭。祖亭内设置祖牌和祖杖。畲家蓝、雷、钟三姓除供奉氏族神灵外,同姓同支畲家还共设祖亭一座,由县境内外的同姓同支的畲族轮流陈列祭祀。经商议按顺序由乙村向陈放祖亭的甲村请回祖亭,置于本村祠堂或祖厝大厅,敬奉三年或两年后,再由丙村至乙村请祖,依次类

畲族祖牌

畲族祭祖仪式

畲家迎祖

推，周而复始。请祖时间为农历正月初三至十五之间，逾期不请，须待来年。若村里有特殊的天灾人祸，可不受此限，"迎祖"禳灾。请祖由族长主持，畲巫执行。请祖仪式队列庞大，始则数十人，后至数百人，前簇后拥，井然有序，气氛热闹隆重。队列前举忠勇王及其子婿封侯旗幡，又设銮驾仪仗队伍，包括"肃静""回避"牌开道，乐队奏乐鸣铳、龙伞护卫祖亭等。请祖队列路遇畲村，必将停步路祭。队列进村，18名畲家少女擎展祖图迎接，随旗幡祖亭进村。

第三章　宗教信仰　063

民间信仰

神圣化的族内英雄与历史传说人物

　　族内英雄神圣化,指历史上确有其人,曾有过非凡业绩,生前受村民拥戴,死后被奉为神灵,不仅为本村百姓所膜拜,而且成了灵威弥漫一隅的地域性神灵,并为当地族内人所共同祭祀。如闽东福安市金斗量(今名金斗洋)村的"雷氏三十二公"雷国楚,生于清康熙年间,武林高手,时人称为"豹子师傅"。相传他师承南少林武僧铁珠,武艺震慑一方,曾率领村民抵御外族侵犯。他逝世后,金斗量村民起庙宇塑金身于村口水尾,以作神灵供奉。随后,"豹子师傅"成为闽东畲族的保护神。与之相类似的保护神还有闽东钟氏的开基祖,福安坂中大林村的"钟熙侯王"等。

　　历史传说人物的神圣化,是传说故事中的主人公因其高尚的言行或超凡的力量为族人所神往,族人以此立庙祭祀,寄托某种心愿,寻求某种庇护。如浙西南由插花娘传说而形成的神灵"插花娘"。相传插花娘系畲家少女,处州府(今丽水市)松阳靖居毛弄村人,因反抗地主强逼婚姻而在松阳与丽水交界的横岗跳崖自尽,亲人同伴悲痛万分,以山花铺盖她的遗体。族人尊她为"插花娘",并作为畲族女神建庙宇祭祀她。今浙南畲族山区有插花娘庙宇多处。祭祀时,以对歌形式进行。由一位男歌手(神童)代表插花娘,另一位歌手与插花娘对歌。凡去插花娘庙朝拜的人,都得折一枝山花插入香炉。

▲ 拳师 雷国楚

职业性神灵

悠久的狩猎生活形成畲家的猎神崇拜。粤东现存"游山仙子""打猎大王"庙宇。闽东畲族猎神有雷万春、"吴三么"等。受占主导地位的农耕经济的影响,畲村产生了农神。如广东畲族供奉"田头伯爷""开山伯公"。还有畲家戏班供奉的戏神雷海青。

神格化的自然物体

畲家自然神中与农耕生活最为密切的是谷神、谷娘、谷仙子、种子仙、稻秧仙、青稻仙、黄稻仙等。另外还有位于畲村附近的巨形或奇形岩石或树木。由于这些物体形象迥异,便敷演出精灵化的传说,并作为神灵供奉。畲家生儿育女常请这些"石母""树神"庇佑,并将自己的子女托付于这些自然神祇,将子女的名字冠以"石"字或"树"字,如"石贵""石禄""树生""树发"等。畲村有人畜患病、自然灾害时,也在"石母"或"树神"前焚香跪拜,以求禳灾避邪。这种自然物崇拜是原始宗教的遗风。

福建霞浦半月里村龙溪宫内供奉雷万春像

谷神

农神

汉族民间俗神的渗入

畲、汉杂居，畲族受汉族宗教文化的影响，畲家供奉灶神、畲村供奉土地神现象普遍存在。如江西畲族唯一供奉土地公、银主公，每家厅堂供奉牌位，是"天地君亲师位"。由于地域的差别，亚文化圈的不同，各地汉族民间俗神渗入畲村的也不尽相同。

闽东畲族山区有林公大王，相传他俗名林子芹，原籍宁德红外村，后迁福安溪潭吉坑村。他为民除害，杀死白马大王的恶虎，后遭白马大王暗算身亡，遂成闽东农村的俗神。林公大王麾下有周、程、杨、柳四位捶锣将军、喝喊大神。畲家也将林公大王作为当境土主，即村庄守护神。

浙西南畲族社区与当地汉族社区一样，供奉"马氏天仙"和"汤夫人"。"马氏天仙"原名马七娘，相传为唐代一位孝女，在景宁鸬鹚成神上天。"汤夫人"名汤理，字妙元，她在敕木山用神法运木头至临安，为南宋王朝建造宫殿，受皇帝敕封而成神。

▲
土地公
土地婆

妈祖雕像 ▶

世俗化的道释诸教尊神

佛教神灵观世音菩萨是畲家普遍膜拜的偶像。闽东畲族将观世音菩萨供奉于住宅前厅左边神堂佛龛上,浙西南畲族则供奉于楼上大厅的佛座上,粤东畲族则供奉于祠堂内。

畲家膜拜的道教神灵有"三清""三官大帝""真武帝"等,畲家将上述诸神一并供奉,畲村没有道观,仅于神堂神龛上或仅设立"感应灵台"供奉于住宅大厅的中堂壁上,并且不以图像显示,仅作文字标识。畲族巫师备有上述诸神画像,以便法事活动时张挂。

畲族宗教信仰是以氏族神灵与世俗神灵相结合为崇拜对象的多神崇拜。

奶娘踩罡

"奶娘踩罡"是闽东畲族巫师进行驱鬼镇妖活动中的一种祭祀活动。

女神奶娘的原型是陈十四娘,也就是民间传说中的地方女神陈靖姑。奶娘这一形象在闽东民间有两种寓意:一是护赤佑童,保护妇女儿童;一是驱魔赶鬼,保乡保土。

相传,有一年,闽东民间大旱,奶娘便扔了一块草席到海中,站在席上为民求雨。那时,奶娘正好有孕在身,为不影响"求雨",她便利用法术把胎儿托化在金盅内,放于家中。可是,这件事被"长命鬼"知道了,它趁奶娘求雨之机,溜到奶娘家偷吃掉了胎儿。

胎儿被吃掉时,正在海上求雨的奶娘肚子一阵剧痛,法术也随之失灵,海水呼呼地漫上来,草席打着转儿地下沉……危机时刻,成千上万的黄瓜鱼和水鸭纷纷游到席下,用嘴和身体拖住了

畲族巫师

奶娘踩罡

下沉的草席。最终,奶娘求下雨来,解了旱情,救了当地百姓。而她自己却因堕胎求雨,感染风寒,不治身亡。

　　福安民间因上述传说就有了一条约定俗成的规矩,凡是祭祀陈奶娘,绝不能用黄瓜鱼和水鸭。奶娘失子,异常伤心。归阴后,灵魂复归闾山(传说位于福州南台),专学扶胎救产之法,决心终生为民救胎佑童、驱魔除鬼。奶娘的一生,为民除害,排忧解难,深受人民爱戴。

　　"奶娘踩罡"的表现内容,就是奶娘驱鬼镇妖的场景。奶娘由男巫扮演。表演驱鬼镇妖场面时,巫师要刚猛威武,表现奶娘威风凛凛的英雄本色;表现奶娘出征前的生活场景时,巫师则要温婉细腻,展现十四娘的女性气质。

　　此法术以罡步驱鬼镇妖,程序:(1)"争坛";(2)"请神",即去秽净坛,恭请神灵,以便行罡布法;(3)"踩罡",为法术主体内容,由12种罡步组成,包括八步罡、锁链罡、失亥罡、养身罡、梳头罡、扣缠罡、洗面罡、照镜罡、砻米罡、筛米罡、钓鱼罡和罡尾。"八步罡"是道术将天地分为天门、地府、人门、鬼路四个方位,奶娘用八步催赶邪魔,以免鬼魂在人间作祟成祸;

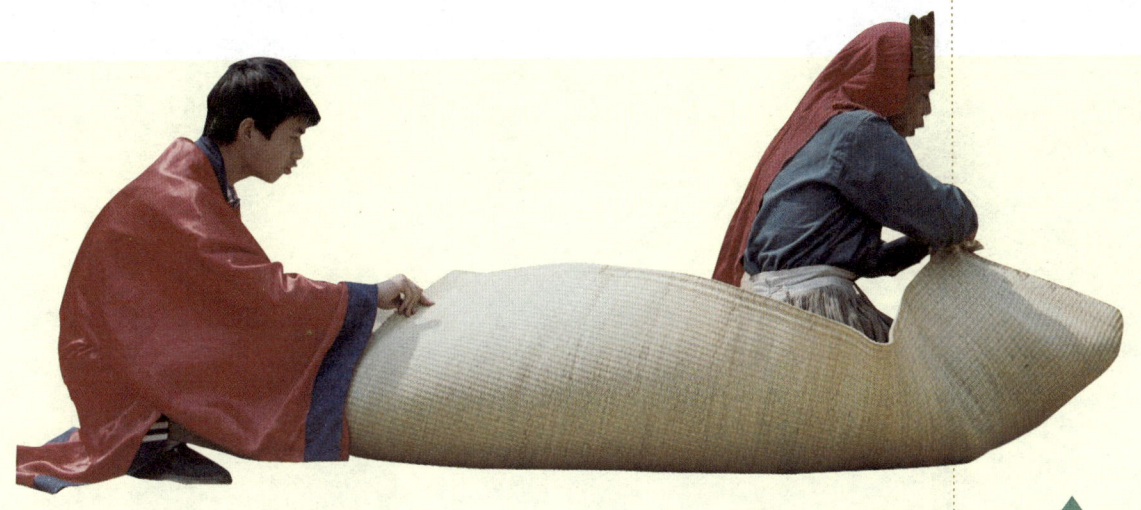

奶娘踩罡

"锁链罡",锁妖链鬼;"失亥罡",超度亡灵;"养身罡",指生儿育女的侍奉疗养;"砻米罡"等是农事活动的演示,暗喻乡村太平,田园丰登。

"奶娘踩罡"除了表现奶娘驱鬼镇妖的神力外,也表现了奶娘在人间的生活场景。梳头、扣缠、洗面、照镜等都是在奶娘出征前梳妆打扮的活动情节,如:扣缠罡表现的就是奶娘出征前缠脚的细节;养身罡是指生儿育女后的侍奉疗养;砻米、筛米、钓鱼等表现的都是日常生产生活活动。这些场景的表达,进一步体现了道家"道法自然,天人合一"的思想。

于是,后人将奶娘塑造成典型文学艺术形象,加以赞颂。《奶娘催罡》畲族舞便是从舞蹈的角度歌颂了陈奶娘。

起洪楼

"起洪楼"传统民俗扎根于闽东,主要分布于宁德市蕉城畲族地区及福安市、霞浦县畲村一带。它起源于上古宗教及巫术,是原始宗教简陋祭俗的遗存,传承保存了闾山派民间道教斋醮仪式,体现了户外设坛人神一体的古代哲学观念。

"起洪楼"的斋醮仪式,既是民间祭祀,又是民间观赏性的杂技表演。它的立坛方式,属"除地为坛",采用了以桌案相重叠的坛仪,突出了"以桌为坛"的"特点","云楼"即是"高楼"的意思,故又称"十三洪楼"。奶娘陈靖姑信仰主要分布于台湾以及大陆闽东北。而道教的闾山派多活动于闽东民间,它的

起洪楼

▲
上刀山

设坛方式因地制宜,具有较高的灵活性。相传,唐元和二年(807),陈靖姑用13张桌子叠起云楼祈雨,可见,畲族"起洪楼"民俗由来已久。

"起洪楼"在宁德传于畲族雷氏一支。据《雷氏宗谱》记载,明代大学士雷叶之孙雷法传,居蕉城八都猴盾,号称"间山法师"。至三十一世祖法调,生于嘉庆年间,居下赤,精通堪舆、选择之术,擅"上刀山、下火海""起洪楼"诸术。三十四世祖法淇,生于光绪戊寅(1878),多次主持宁德、福安、霞浦、罗源诸县祈雨仪式及大型宫观斋醮科仪,名闻乡间。法淇传

▲ 下火海

子法涨,法涨传侄法验(雷官银)即今传承人,法验传子法鹫(雷彭斌),先后约五百载,共二十六代。

"起洪楼"立坛方式,需选择一处实地场坪,以民间八仙方桌为台,层层叠加至13张,高约12米,高台矗立,民间称作"云楼"。并在云楼上表演畲族"奶娘行罡斗"舞蹈等一系列斋醮仪式活动,其主要功用是祈祷四境平安、驱邪祛病,主要应用于畲族民间节日"三月三""九月九"活动等。

表演操作程序:

1. 预备:选择一处平坦实地扫除干净,规划场所范围,立坛后不准观众随便走动。

2. 造云楼（叠桌压米等）：在实地场坪上立"头桌"，将碗水放置在桌中央及四角，检验是否水平，接着把第二张桌子重叠上去，四角与"头桌"对脚垂直，以浸湿粗纸垫于桌脚四点之后，法师跳上桌面，放下红布，以红布条捆桌，吊上第三张，依次叠加至第十三张，每桌隔层压置"五谷米"一袋（每袋约50斤），以求平衡，也寓意五谷丰登。红布条吊上10斤容量大小的木制饭甑一具，但无底屉，无箍篾，还有米筛等器具。

> **知识链接** 饭甑，炊具，普通农家厨具。

3. 护桌仪式：

（1）锣鼓声起，法师二人围绕桌台四周跳一段巫舞，并口中念念有词，以调整情绪，并不时压桌台以检验云楼是否稳定。

（2）以三枚鸟羽毛做成的神针，飞击高层桌底二枚，地面一枚，从巫道意念上看，是已将十三楼固定于一中心，而客观上也给观众表演了飞针神技。

（3）法师用蟒鞭扎住"头桌"四面，使人感觉起洪楼更加稳固。畲族人认为十三张桌台有十三位神，并用令牌画符，请神护桌。

4. 上云楼：以法师为主，协助者一名，二人赤脚，穿戴上兽首头饰红头布、红裙礼服，法师握住头桌沿后仰翻上第二桌，从者于对面沿桌攀爬；司仪者翻至第十三层立定，从者则盘坐第十二层，静坐不动（直到仪式结束下楼）。

5. 请神上章：法师立十三云楼顶吹龙角（号），念咒语，开天门下天兵，礼请三界神灵下凡，问杯"九圣在阳"以征可否，而后上章，因事奏主，诸如保佑国泰民安、风调雨顺、五谷丰登等。

6. 行罡：

（1）法师手持道具饭甑，以求丰年，卸下甑箍，倒扣桌上，取米筛一具置于甑上；法师北立于其上，左手持法器铃刀，右手持号角并吹响龙角数声后，念奶娘咒，脚踏米筛蹦动数圈，时至桌沿，时至桌中央；待米筛移至饭甑一沿悬空时顺势将其踢出落地，动作爽利。至此，意为已布下天罗地网。

> **知识链接** 行罡踏斗，又称为禹步，"罡"指天罡，"斗"指北斗，是斋醮时礼拜星斗、召请神灵的仪式。它最早是古代巫师的舞蹈步伐。

（2）法师赤脚立于甑沿，用双足大拇指夹住饭甑沿，连人带甑蹦跳数圈后，慢慢移动至桌的四沿，使饭甑边缘突出于桌沿三分之一（内仅留约10厘米）处，分四向表演"踏斗"。观众自下观之，法师似立于云端，惊险之状，叹为一绝。

（3）跳下饭甑，继续"行罡踏斗"，旋舞。舞蹈系列有："奶娘梳妆舞""五方结界舞""七星舞""八卦舞"等。在12米的高度，且在1.1米见方的桌面起舞半小时。

7. 送神：行礼谢神，楼上仪式结束。

8. 下楼：协助者与法师配合一同下楼，一左一右沿桌对角翻跟斗逐层下楼，与上楼姿势不同（前翻），直至落地。锣鼓点歇。全套表演历时约两个小时。

在表演畲族"起洪楼"传统民俗的过程中，畲家男女老少还会在场边一同跳起一种道教古老巫舞，称"行罡踏斗"，并伴随着锣鼓点节奏，十分热闹。

畲族"起洪楼"是民间杂技与道教科仪较为完整的结合体，它以户外设坛，融入民间武术、舞蹈、戏剧、杂技元素与道士"武场"动作等，以其神秘性、观赏性、民俗审美性为特点。

第四章
畲族文化

在历史长河中,勤劳勇敢的畲族人民创建了美丽富饶的家园,创造了丰富多彩的文化,积淀了大量的文化遗存。

▲ 放歌

畲族是一个具有优良文化传统的民族。在长期的生产斗争中，畲族人民积累了丰富的知识和经验，创造了绚丽多姿的文化艺术，在祖国灿烂的文化宝库中独具异彩。

歌言

歌言

畲族对歌谣独特的族内称谓，是畲族独创的以歌代言的艺术表达方式。唱歌言是畲族最喜爱的，也是最普遍、群众最广泛参与的音乐活动。畲族歌言是畲族文化的重要组成部分，也是我国各民族文化宝库中弥足珍贵的组成部分。畲族歌言文化，在畲族发展史中占有非常重要的位置，具有基石和灵魂的作用。它不仅是现实生活的表露，也是社会历史和事件的特殊记载，更是本

◀ 畲族民歌纳入国家级非物质文化遗产

民族精神弘扬、情感沟通的重要工具,从古到今"歌是畲族传家宝"。

畲族歌言是畲族采用本民族固有手法创造的,具有本民族特征的传统民间音乐和歌谣的结合。畲族歌言的特点:一是歌言言礼,歌言是畲族始祖所创造并代代相传的一种礼仪,如《高皇歌》《盘王歌》等。二是歌言言史,畲族歌言唱本所流传的歌言,不仅以传唱形式记载本族历史事件,还可以成为辨认本族同胞的隐语,并将大量的中华民族历史传说、故事编成小说歌,在本族同胞中传唱。三是歌言言才,"盘唱歌言"在畲族歌手中又叫作"比肚才",好歌手都是"有肚才"的人。四是

◀ 闽浙歌手欢聚一堂

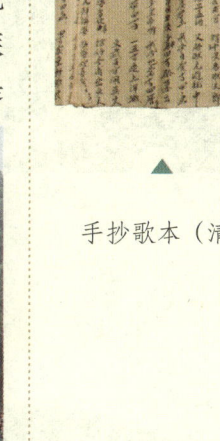

▲ 手抄歌本(清)

◀ 第二届闽东畲族歌会

歌言言情,畲族歌言中有相当部分是情歌。生活之情、自然之情、爱恋之情,无不以歌言表达,最令人心动的是男女青年彼此以歌传达的爱慕之情,也包含其中。五是歌言言俗,畲族有"歌不离俗"之说。在畲族居住的村落,不论是采茶耕作的劳动场景,男女偶遇相识,还是走亲访友落寮相聚的待客仪式,

第四章 畲族文化 077

▲

对歌

▲

福建宁德市金涵畲族乡对歌

到处都可以听到婉转悠扬的畲族歌言,畲族的婚嫁、丧葬仪式中都离不开歌言。

畲族歌言的演唱,歌手普遍认为唱法舒服,音色甜美,好唱又有声是最佳的唱法,畲族称为"真声"或"有声"。具体的标准是:声音有穿透力,有持久性,高、细、尖、嫩。而那些年长无声的歌手或年轻声差者,对歌时用本嗓真声演唱,以平常讲话的声音来演唱,往往被称为"假声""无声""平讲",不被人们称道。那么,演唱歌言的唱法按民族自我审美标准来区别,有"小嗓真声"唱法和"本嗓真声"唱法,还有两种唱法交替运用的"混合唱法"等三种唱法。除"本嗓真声"唱法,被族人视为"老人没声"和"平讲没味"少运用外,其他两种唱法在畲族歌手对唱中常被运用,尤其是"小嗓真声"唱法最具民族特色,最受人喜爱,不论男女歌手在平常的对唱中,总会依据对手的嗓音色彩,

尽量有意识地高位置演唱，以求与对方的和谐配合。男女歌手对唱在一唱一和的对接中为使对方好接唱，音、调平稳，男女双方必须寻找一个相对比较稳定的高音位置，常规女声部都比男声高一个八度，这样，男声就必须捏紧嗓门高位演唱，并模仿女声发音，保证男女对唱中的好接唱。

　　传统歌会歌节，均是在村旁的山头茶园或野外平地，或寺院边路亭中，男女青年择期相约自由对唱。但对唱中有严格要求：（1）一般一个歌手与另一歌手对唱时，其他人在未被允许的情况下不能穿插对唱；（2）当一方歌手输了时，方才由本方另一歌手出场对唱；（3）对唱场所不能出现歌本，歌本出现会被撕毁，被嘲笑，歌本主要是用来学唱歌用的；（4）不同地方的

▲ 林岭村三月三对歌

▼ 畲乡春满园

第四章 畲族文化 079

▲
放歌

歌调不对唱,以双方歌手约定的调来对唱,比如:福宁调不能对罗连调。霞浦阿噜调因衬字多,拖音长,流行区域小,掌握技巧的人少,所以很少在对歌场中出现。

双音

畲族人民特别擅长于二声部重唱的唱法,人们称它为"双音",畲族叫它为"双条落"。"双音"最早是两个人唱,但发展到今天,已不受这个限制,可以三个人,也可以四个人,一般不超过四个人唱,他们认为"人多了是不行的,词会听不清楚"。不过还以两人演唱最为常见。两声部分别由两人演唱,两个演唱者可以一男一女,也可以是两男或两女。若是由一男一女二人重唱,男的先唱或女的先唱都可以,后唱者可以在先唱者唱后两个字或四个字时接唱,要与前唱者唱同样的歌词和近似而又不完全相同的曲调。在演唱的过程中,有

畲族山歌"双音"传承人雷美凤

人能一直坚持四个字的距离，有的人却开始唱四个字，后来变成两个字，有时干脆变成齐唱了。

"双音"在唱法上，一般男女都用假声，后来男子也用本嗓音（真声）唱，听起来声部更加清晰。他们认为假声动听，唱得高，传得远，省力，持久。这种假声恬静、纤嫩、清秀、古朴，既不同于西北地区的山曲、爬山调、信天游、花儿的假声那样凌峭、空旷，也不像西南民族地区的假声那样奔放、悠长，更不像内蒙古大草原上牧歌的假声那样热情、粗犷。他们要求假声"嫩、幼、明、亮"。对于本嗓子歌唱评价低，认为那是老年人失去了假声功能以后不得已采用的一种唱法，等于讲话，所以又叫作"平讲"。"双音"在节奏上，有紧凑、进行感较强的与较宽广拉长音两种，二人对唱的节奏基本上是统一的，但有时又有自己的规律，使两个声部节奏交错。两个声部的曲调基本上也是一样的，有时也有变化，但节奏较宽广的更能听清两个声部的交错结合，比较悦耳动听。

演唱"双音"不严格讲究时间、场合，但必须在唱歌的季节演唱。畲族同胞说："八月十五歌开门，三月初三关歌门"，就是说从农历八月十五起至翌年三月初三止为畲家歌唱季节，特别是正月和三月三、八月十五、九月九等节日，畲族人民不仅成群结队地走亲串友，以歌当话，还举行盛大的赛歌会，满山遍野响彻嘹亮悦耳的歌声，一旦遇上对手，一场热烈、红火的"双音"比赛便展开了。

畲族歌言，从内容上可分为四大类：一是神话传说和小说歌言，二是杂类歌言，三是革命歌言，四是婚嫁丧葬歌言。

神话传说和小说歌言

神话传说歌言指畲族歌手叙述本民族的神话历史,如《高皇歌》《盘王歌》等;小说歌言畲族人称为"长连""全连本",是畲族歌手将历史人物故事编唱,并用汉字记录唱本进行传唱。以钟学吉为代表的畲歌改编者在霞浦山民会馆期间,是编写小说歌的兴盛时期。畲族题材小说歌,主要以歌颂本民族英雄人物,以英雄的故事为内容编唱,有唐代乐官誉为戏神的雷海青,民间称"田公元帅";有畲族英雄雷万兴、蓝佃玉、钟景期,有不畏民族歧视,考取功名的畲族秀才钟良弼等等。汉族题材小说歌,主要是以汉族民歌、章回小说及评话歌本改编而成,包括"四大民间传说",即牛郎织女、孟姜女、梁祝和白蛇传。其数量多、内容广、版本不一。

畲族族源传说为题材的叙事歌,如:

祖宗歌

$1={}^{\flat}B$
中速

祖宗 盘古 玉皇 天　日月 盘古 手上 见
人民(那)百姓 四海字　玉皇 乾坤 几万 年
麒麟 起火 升半 天　龙王 发水 淹过 山
龙居 祖宗 因何 息　麒麟 脱身 落凡 间

盘王歌(远古神话传说歌言)

盘古造天到如今,世上有人几样心,
点火难照人心意,一样人心一样人。
造山造河造田园,造出文字百万千,
造出歌言子孙蹦,子子孙孙世上传。
祖公原名叫龙麒,忠勇侯王一朝臣,
祖上相传盘瓠王,盘王平番功劳大。

高辛帝皇封为王，　忠勇王共复其国，
龙麒青年本领好，　行云过海会变身。
高辛皇帝管江山，　风调雨顺谷满山，
天下太平管得好，　百姓耕田笑连天。
番边番贼起谋心，　带来番兵打高辛，
文武百官心慌乱，　盘王自愿去出征。
盘王带兵过海洋，　一直打到番王乡，
番王不知因何事，　喝酒欢喜笑汪汪。
盘王刈下番王头，　行云过海转朝中，
王头捧上高辛帝，　高辛皇帝笑洋洋。
高辛皇帝喜洋洋，　就请盘王来庆功，
就请盘王三杯酒，　又封盘王驸马郎。
高辛皇帝养三娘，　三个公主一样相，
第三公主多伶俐，　匹配盘王做妻房。
后养三子女一名，　带上金銮去讨姓，
盘装自能第一大，　蓝装光辉第二名。
三子出世在皇宫，　天上雷公声隆隆，
后来女大成亲事，　女婿志深是姓钟。
盘王三子女一人，　都在京城做大臣，
……

蓝雷钟姓出广东，　后来子孙四处分，
今下山客隔州县，　唱出歌言一样同。
祖宗官封忠勇王，　后来潮州做田园，
祖宗历代山乡住，　官府欺人做也难。
官府财主无好意，　歌言唱出各人知，
有话莫去通官府，　蓝雷钟姓共根基。
山客原籍在广东，　编写歌言教子孙，
歌是山客传家宝，　千古万年世上轮。

以畲族历史名人故事为题材的小说歌，畲民一般把它们当作"讲史歌"看待，如：

钟良弼（小说歌言）

笔头落纸字来真，　写出福鼎一段情。
清朝管下第五帝，　嘉庆皇帝坐龙廷。

写出歌言句句真，就讲单桥钟家情，
单桥出个钟良弼，寒窗苦读聪明人。
歌言凭实编出来，良弼进府考秀才，
良弼这科进场考，福宁府内场房开。
五县童生到福宁，学院出来点贤人，
五县童生都报本，良弼文章做得精。
文章字字写得精，可恨柘荣一个人，
他是柘荣王府内，名字就叫王万年。
万年阻考闹场房，无让良弼进考场，
蓝雷钟李无准考，五姓童生赶出门。
良弼心头气冲冲，回到福鼎单桥村，
五姓难忍心头恨，就请教习一大群。
就请教习一大群，良弼带去打考房，
考房打了去报卷，卷那报了仔细忖。
卷那报了无智挨，五姓童生来会齐，
告你万年一帮贼，写呈告状上院台。
良弼掏笔气冲天，一夜就写二封呈，
县里一封递去了，府里也送一封呈。
府里也递一封呈，告状要钱走头前，
告状无论银钱使，总求这状告得赢。
写呈衔头为功名，五姓童生真齐心，
个个都来签名字，签名一个百六银。
个个签名又签姓，一心要告王万年，
也告文飞奴连玉，姓王一谢阻功名。
想来良弼真灵通，告状使去几多银，
告状无论银钱使，要复功名留子孙。
思量良弼大可恭，私下使去几多银，
起先家财卖开使，后来衫衣掏去当。
良弼担银起身行，直直去到福州城，
良弼上省去告状，省里衙门去递呈。
良弼呈文一纸书，告到抚院衙里去，
好个清官李抚院，看了呈词发怒气。
看了呈词气抬抬，就骂万年狗奴才，

科举无容五姓考，我这抚院哪里来？
良弼万年审一堂，万年答话实是强！
不容五姓人讲话，骂我五姓禽兽养。
骂我五姓禽兽养，全身都是毛生长，
天下科场不准考，不准五姓考文章。
抚院见讲笑朗朗，就召万年来上堂，
两人脱衫验身体，两人身体一样相。
抚院心里又思忖，也召良弼上堂问，
齐齐脱衫露肉看，良弼过白二三分。
万年阻考欺侮人，抚院当堂判分明，
从宽免罪回家转，良弼复考有功名。
好得姓李抚院官，良弼告赢有威风，
二十四拜谢抚院，退行三步出衙门。
贡院文榜发出来，良弼这科中秀才，
嘉庆癸亥年间事，造出歌言人伴嘴，
写出歌言字清清，良弼告状复功名，
从这五姓准考举，良弼算是本事人。

杂类歌言

畲族杂类歌言部分是畲族民歌，其歌言内容更加深受民间歌手的喜爱。这些都是畲族历代优秀歌手在不同歌场对唱，被畲族人普遍接受并得以传唱的精华民歌，其中最为丰富的当数情歌。畲族人对唱歌言都是男女青年相互答对唱和，内容都是依当时的场景、气氛的需要即兴编唱，来取悦、试探、讨好、赞美对方，或变相戏骂、挑衅、嘲笑对方无歌言之羞辱。也有在多人场所"比肚才"时，对唱内容涉及字歌、花鸟、十二月节气、古人名、劝学等。根据演唱内容的不同，我们将其分为歌俗歌、情歌、习俗歌、生产劳动歌、劝世家教歌等五部分。

情歌在畲族山歌中占有极大的比例。爱情生活中的各个阶段，青年男女从相识定情到嫁娶都有歌，而且大多能因人、因情、因景即兴编唱答对，以歌代言，诉说真挚、纯朴、率直的爱情。情歌大多缠绵宛转，每一曲情歌都是一首浪漫的抒情诗，许多情歌采用男女对唱的形式来表达感情。这首《拦路情歌》就很精彩：

> 男：年小少娘有文才，唱个山歌给郎回，
> 　　不唱山歌不让路，唱完山歌放娘行。
> 女：拦路郎仔爱听歌，把娘拦在路中央。
> 　　人讲黄鹅不拦路，为何你郎拦唱歌？
> 男：日头东边照过来，好园栽花年年开。
> 　　娘是年少千金女，有缘千里天送来。
> 女：妹子心中早有情，只盼郎仔先开声。
> 　　世间只有藤缠树，哪有树木来缠藤？

这是2002年福安市廉岭畲村"三月三"歌会上一对青年男女的对唱，可谓情意绵绵：

> 男：一起玩耍一起站，与你一起真有意；
> 　　头次与你做伴游，再次才能认得你。
> 　　千里路头来做伴，做伴一次值千金；
> 　　与娘一起真欢喜，郎呀回转才宽心。
> 女：今日欢喜笑盈盈，回到房间去妆身；
> 　　头上又带金银宝，身上衣裳值千金。
> 　　妹子心中早有情，只盼郎仔先开言；
> 　　你郎若还真有意，山歌也可做媒人。
> ……

劳动歌直接来源于现实的劳动生活，有的描述劳动的过程，有的慨叹劳动的艰辛。如《节气歌》：

> 正月雨水共立春，阳鸟岗头来报春，
> 做客人姐回家转，做田郎仔叫耕春。
> 二月惊蛰春分到，蛇虫蚁仔尽出头，
> 蝉仔变身四山叫，鸟仔成双喊叫巢。
> 三月谷雨清明晴，山林树叶片片青，
> 娘那背仔郎担种，娘那撒种郎犁田。
> ……

一直唱到十二月大小寒，把一年二十四个节气的物候特点和农事活动都融合其中，简直就是一部农活教科书，同时也唱出了劳动生活的快乐。

革命歌言

革命歌言包括解放前歌言,指民国时期畲族唱的歌言,内容多数是反映贫苦生活和革命歌谣。诉苦歌如《抓丁苦》《荒年记》《五更苦》等,表达旧社会畲族和广大劳动人民所受的苦难;红军歌如《当兵就要当红军》《红军纪律歌》等,表达畲族人民对革命的向往和对红军的热爱。新中国成立后新民歌,多数为歌颂共产党、民族政策和新社会、新生活。

山哈诉苦歌

山哈艰苦讲人听,租人财主田来耕。
好谷割来纳租了,自家全年吃糠㞎。
黄连树下搭草房,百补衣衫难遮霜,
火笼掏来当棉袄,寒风吹来冷难当。
年年月月担柴炭,一身灾难担不完。
保长抓丁又派款,麻索反绑吊扛梁。
拖男带女逃过山,一山还比一山难。
想来有脚行无路,眼泪淋淋流成潭。
解放炮声响连天,山里山哈大喜欢,
桶楻掏来做鼓打,牛尾穿线做琴弹。

十送郎当红军

第一送郎当红军,寮里事情你莫忖,
保佑红军会得胜,显过一村又一村。
第二送郎到门头,寮内诸事莫担愁,
保护红军会得胜,后来红军会出头。
第三送郎到大山,大山红军一大班,
我郎此去干革命,不灭白匪心不甘。
第四送郎南溪梨,没吃没穿受人气,
我郎此去干革命,财主不敢欺侮你。
第五送郎到大兰,红军哪村无营盘?
十万兵马村前过,可夫总是带头前。
第六送郎到前岐,白匪民团叫吱吱,
前路后路来"围剿",红军来打伊前垮。
第七送郎到桐山,传讲红军好几千,

又讲红军几十万，白匪听讲叫皇天。
第八送郎到松阳，又和白匪打一场，
缴获长枪几十把，又缴子弹几十箱。
第九送郎青潭坑，去到青潭威风凛，
连珠驳壳手上使，快把机枪扛头前。
第十送郎福安城，连打几阵郎都赢，
我郎胜利回家转，见爷见娘快乐仙。

翻身谣

日头红红结石榴，革命烈火燃不休。
走出草寮斗老财，妇女翻身真自由。
妇女翻身真自由，天下穷人心一条。
畲汉姐妹手挽手，永生永世跟党走。

东边太阳红蒸蒸

封建势力压迫人，抓丁派款日没停，
牛马生活苦难尽，家散人亡几多人。
田租剥削无可妨，几多穷人落深潭，
几多穷人做乞食，田园荒了要纳粮。
兵匪害人苦伶仃，上街落县看会心，
山中土匪打劫吃，咱上抓丁几多人。
红红太阳照北京，中国出个毛泽东，
组织穷人打天下，全国人民做主人。
东边太阳红蒸蒸，中国面貌日日新，
经济繁荣人昌盛，人民生活大改善。
畲族人民心连心，各族团结一条心，
康庄大道任你走，建设新村气象新。

婚嫁丧葬歌言

有"歌不离俗"之说，无论喜事还是丧事都有歌言，也称之为事事皆离不开歌言。其中结婚部分的歌言就是从男方家到女方家、从娶亲的路上到步入洞房，每一个步骤都有专门的歌言。如婚嫁歌、出嫁歌、轿夫抬轿歌、佳期酒令诗等。对待丧事的歌言中表现出对逝者的尊重。主要由两部分组成，即哭丧歌和做墓进葬歌。

婚嫁歌按婚礼程序歌唱，有《哭嫁歌》《别亲歌》《轿夫抬轿歌》《拜堂歌》《闹房歌》《新娘敬茶歌》《新娘敬酒歌》等，唱出了新嫁娘对娘家的依恋和离别娘家亲人的伤心，更唱出了新婚的喜庆和对未来幸福生活的憧憬。

哭嫁歌（婚嫁歌）

阿叔罗！
一年三百六十天，阿叔罗！
今晡不要讲啊，阿叔罗！
阿叔你心肝变有样，阿叔罗！
阿叔罗！
齐人心肝都毛忖我，阿叔罗！
妆头做来姐妹斗衫衣，
莫扛去别人楼里做面皮，阿叔罗！
阿叔罗！
养男是出头，
今晡嫁妆扛转来，阿叔罗！
养女买出头，
今晡扛去别人楼里做闹热，阿叔罗！
阿叔罗！
嫁妆古是留楼好，
阿叔你莫扛去，阿叔罗！

> **知识链接** 变有样：变了心。斗：藏。莫扛：别抬。闹热：热闹。古是：还是。

丧葬歌也叫哀歌。从奔丧开始，到为逝者洗浴更衣、哭灵，直到上山进葬，在丧葬的每一个环节都不断地以歌代哭，倾诉对亡故长辈的缅怀和哀思，哀婉凄怆，催人泪下。

出葬歌（丧葬歌）

我×走去到后厅，子孙就去赶先生，
去赶先生来踏地，你地踏在龙虎山。
拣好日期在眼前，男女子孙是没闲，
拣好日期来送你，六亲来送你上山。
山里树木尾黄黄，砍来四条做轿扛，

时辰来到你上轿,扛上山头去安葬。
四条轿扛两条长,又叫四个扛轿郎,
扛上山头等风水,时辰来到就安葬。
我×做人一生世,好扛门口做路祭,
路祭奠酒分你食,扛你山头过生世。
……

民间文学

畲族民间文学除山歌(歌言)外,还有口头流传的许多神话传说故事,如有关民族起源传说、诸天神传说和其他各种民间故事、谜语、谚语、儿歌等,内容也很丰富,是我国文化宝库中一份珍贵的遗产,表现了畲族人民优异的艺术才华,反映了畲族人民强烈的爱憎感情及充满对美好未来的希望。其中广泛流传在民间的,如《畲族祖宗的传说》《高辛和龙王》《三公主的凤冠》等,叙述他们的祖先如何创家立业和反抗侵略者的斗争事迹。内容虽然比较简单,但却朴素优美。

1983—1984年福建宁德地区文艺工作者收集整理了许多畲族口头文艺作品,编辑了《宁德民间文学资料》第二、四期,作为畲族传说故事专辑,收录了畲族传说故事24篇,其中民间口头传说故事《畲歌与祖牌》,情节生动,寓意深刻,十分感人。故事情节如下:

畲族祖先勤劳勇敢,居住在深山老林之中,刀耕火种,狩猎为生。有一对夫妇,只生下一个男娃,当孩子长到六岁时,丈夫因抵抗官兵的欺凌,惨死而去,遗下孤儿寡母相依为命。母亲含辛茹苦地把孩子抚养成人。可是小伙子却忘恩负义,越来越嫌恶

▲ 畲族民间文学集成丛书

他苍老的亲生母亲,动辄发起脾气来,大吵大骂,吓得老人家浑身发抖,惶惶不可终日。不久,村里来了个聪明、美丽、善良的牧羊姑娘,她擅长唱歌,每天赶着羊群上山,总是伴随着歌声风绕山冈,小伙子总是随着歌声上山耕地。有一天,他母亲送饭来迟一步,小伙子就大发脾气,摔饭碗骂开,善良的母亲吓得目瞪口呆,正在这个时候,小伙子看到牧羊姑娘的羊群中有一只小羊跪在母羊腹下吃奶,觉得很奇怪,问起牧羊姑娘为什么?牧羊姑娘以歌当话回答道。

　　天上乌鸦最孝顺,地上羊崽最知母;
　　乌鸦啼哭守母死,羊崽吃奶就下跪。
　　今日阿哥为哪桩,诸事不提问羊羔,
　　阿母待哥心肝肉,阿哥待母又如何?

牧羊姑娘的悦耳动听的歌声刚停,又传来了老鹧鸪的啼声和小鹧鸪嗷嗷待哺的叫吃声,引起两人的注目,只见一只老鹧鸪疲惫不堪地把捕捉来的小虫,使尽自己最后一点力气送到小鹧鸪嘴里,自己却颤抖了几下,倒在雪地里死去。牧羊姑娘触景生情以凄惨的声音唱道:

　　鹧鸪鹧鸪你真苦,喂了儿子自命故。
　　飞燕捕虫喂小燕,小燕飞日不知母!

牧羊姑娘频频铿锵的歌声感动了小伙子的心,他顿然悔恨自己以往虐待母亲的过失而感到内疚,立志要痛改前非。这时,山下步履蹒跚走来了送饭的母亲,小伙子手提着锄头,赶忙下山去迎接母亲,要向母亲下跪认罪。可是母亲却误以为儿子又要耍脾气骂她打她,吓得丢下饭篮往回跑,不慎竟被一棵大树绊倒,一头栽着树根,立时鲜血直流,染红了树头,当即死去。小伙子见状,后悔莫及,大为伤心,安葬了母亲,日夜抱着鲜血染红的树头啼哭。后来,又把这根树头取回家里制成一个木牌,写上母亲姓氏,逢年过节,跪拜祭祀。自此以后,畲家人就用树头制成祖牌,染上红色,标志着祖先神位,逢年过节家家户户都要摆上三牲祭品,敬拜祖先,以寄托哀思。

畲族中还有关于人类和民族起源的神话传说,如《盘古王帝开天辟地》《高辛创造日月和世间万物》《火烧天火烧地》等。《盘古王帝开天辟地》是描述在太古时代,天地万物混沌不清,盘古王帝把天地分开，指高为天，低为地，液为水，硬为石，日头东西转，月亮夜照地。《高辛创造日月和世间万物》是说高辛帝创日月星辰的神话，传说高辛帝用松树枝编成一个球，挂在天空，这便是光芒四射的太阳；高辛帝又用柳条编成一个球挂在天空，这便是发出柔和光束的月亮。高辛帝还用许多宝石补天，这便是闪闪烁烁的星辰。自古以来，畲族人民都把盘古高辛帝奉为神明，虔诚崇拜。在《火烧天火烧地》中，叙述古代发生大火，烧了七天七夜，把万物烧成灰烬，只剩下兄妹二人，在石仙指点下，结成了亲，繁殖了人类。这个兄妹成婚的传说，反映了古代畲族在原始社会中经历的"血缘婚姻"阶段。在畲族婚娶过程中所唱的"两兄妹"歌词也反映说：

兄妹怎么好结亲，开口去问石仙人，
石仙开口与其讲，两爿（pán）石磨好完亲，
兄妹两人定主张，身背石磨往山上，
背上石磨双滚落，石磨合拢结妻房。

畲族对于有关自然现象如日、月、星、风、雨、雪、电、水、火、烟、雾、林、麦、花等诸天神和歌神、爱神以及洪水、地震、长虹、回声等都有传说，反映了远古时代畲族人民巢居穴处，刀耕火种的原始社会生活的情景，以及畲族人民勇于向自然做斗争的精神。如在《神郎与采姑》中，生动描述了神郎和采姑这一对情侣在日神、月神的帮助下，骑着凤凰，战胜旱魔的惊险场面。他（她）们用神扇煽灭了火焰，用宝瓶吸去被旱魔吸在腹中的河水。用宝剑砍死旱魔。最后由三

畲族小说歌传承人钟昌尧

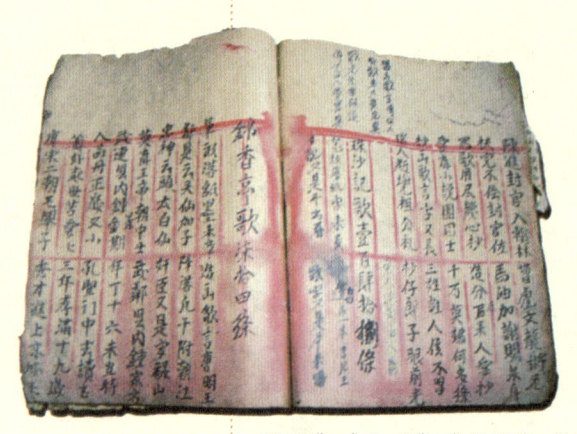

手抄歌本

公主分封神郎为雨神，采姑为风神。采姑在前面刮风，神郎紧跟着后面下雨，造福人间，风调雨顺，五谷丰登。它表明了畲族人民在原始社会生产力极端低下的情况下，对解除旱灾无能为力的心理，创造出风神和雨神来降伏旱魔的神话，表现了他们具有强烈征服自然的理想与愿望。此外，还有《捡元宝》《雷神和四姑》《天眼重开》《公鸡》《卖炭》《石牛》《圣姑娘》《天鹅小娘》等民间故事传说，以及反映风物的传说故事如《凤眉鸟》《兄弟山》《山姑岩》《石林花》等和在长期的生产斗争和阶级斗争中创造出来的谚语故事如《神砍刀》《花囡与泥囡》等，也都情节曲折，风趣生动，引人入胜。

畲族民间还流传着许多有关风俗习惯的起源传说，如反映祭祀风俗的《祭祖会的由来》；反映婚俗的《农具陪嫁》《畲拉》《赤郎》《长夜对歌》等，都直接叙述了畲族风俗习惯的由来，反映了在一定的历史时期的社会经济形态和民族共同心理，为我们研究畲族古代史以及畲族民间文学和风俗习惯的关系等提供了极其宝贵的资料。

畲族民间文学的特色表现于：（1）有广泛的群众性。畲族人民酷爱唱山歌，他们的文学作品又都是以歌唱的形式表达出来的，所以易为群众所接受。文学作品不但流传广泛，而且深入到每家每户，歌词也都用畲语编成，七字一句，音韵优美铿锵，易于领会，所以妇女们即使不识字，只要多唱几遍就会背诵。（2）丰富多彩。不但形式繁多，而且内容十分丰富，诸如历史、政治、经济、自然常识，几乎应有尽有，无所不包。（3）与汉族文学传统有密切的联系。由于长期与汉族交错杂居在一起的结果，畲族的文学作品一方面既带有山歌民谣善于运用比兴和反复咏叹的色彩，同时又具有汉族古典诗歌和评话唱本那种精练表现方法的特点。

畲族人民对于本民族的传统文化，怀有强烈的亲切感情，把它们作为民族的精神财富代代相传，因而迄今畲族人民仍保持了许多富有特色的、优美的民间文学作品，成为中华民族文化宝库中十分重要的遗产。新中国成立后，随着社会主义制度的建立，畲族人民的民间文学已进入一个崭新的历史发展时期，在继承发扬优良的民族传统的基础上，新的社会主义民间文学作品正在不断地涌现。

舞蹈

畲族是一个能歌善舞的民族，由于历史上的原因，畲族的很多舞蹈已失传。新中国成立以来，经过调查发掘和整理，陆续发现了不少畲族传统舞蹈，有祭祖礼俗方面的、婚丧喜庆方面的和生产劳动等方面的。内容广泛，舞姿丰富多彩。

祭祖礼俗方面舞蹈

祭祖礼仪舞蹈在隆重的大规模祭祖活动中出现。这些舞蹈的名称是根据祭祖过程先后出现的时间、内容、人员、动作和道具的不同而命名的，有《祭祖舞》《日月舞》《龙头仪》《迎祖舞》

◀ 奶娘踩罡祭祀舞

《独脚舞》《铃刀舞》《行罡舞》等。

祭祖舞 一般在大厅或祠堂厅法师设坛开祭时出现。龙头公杖及九曲龙伞等摆放在祠堂正堂,各家各户手捧香烛供品,上书有×××叩拜。进祠堂门后,两脚交叉半跪蹲行进,将香烛供品摆上供桌后,又半跪蹲式退出站于祠堂厅两旁。法师在请天神安位、开谱和悬挂祖图、请祖安位、劝酒、读疏祈福中,也都伴有舞蹈动作。祭祖至谢神、送神、封谱结束,各家祭祖人员,同样按蹲移步舞蹈动作,把香烛供品迎回家,供奉在家中厅堂的祖龛上。

祭祀舞蹈 ▶

祭祖舞

日月舞 在畲族祖图卷首中画有一人,左持日,右持月。《高皇歌》云:"左手拿日太阳现,右手拿月照凡间;天上日月车车转,十二时辰分得正。"这是表现盘古开天地,日月照人间。该舞由男女演员各四人表演,每人左右两手分执日(红)月(白)道具模型,随着锣鼓钹节拍,两手翩翩起舞,左右穿梭地向前进。

龙头仪 由族长(或年辈高者)举着"龙头公杖",四个龙头,各由男(左)女(右)两人相对两手合举,连续举上举下几下,表示对祖先的崇敬。队形有原地、行进、左右穿梭等形式。

龙头舞 配合龙头行进,有跳跃、左右穿梭等动作,比较自由。"龙头舞"后来发展成为传统的体育项目。

迎祖舞　表示对祖先盘瓠王的怀念。男女多少对不限，手拿道具多样，有弓、弩、牛角号，也有箫、笛、唢呐等乐器。有三步一回头的怀念祖先，也有表示继承祖先业绩的。动作没有固定，比较自由。

独脚舞、铃刀舞、行罡舞　这三个舞蹈是在迎祖游行回祠堂后继续祭祖，当法师根据各家各户祷告，分别读《疏文》祈福时，伴随出现的。这三个舞蹈动作难度大，各有特技。舞者有法师也有群众，多男扮女装，身穿大红裙，跣足，红巾扎头，脑后红巾披长约有一尺长。《独脚舞》一只脚的拇指丫夹住另一只脚的后跟上端，移步转动舞蹈，以手动作配合，表演以披红巾象征女人头发，用手上奏板去梳理的动作，运用头、手、肩、身、腿、脚的协调节奏，产生别具一格曲线美的独脚舞气韵，时而像金鸡独立，时而像白鹤展翅，偶尔似丹凤朝阳，妩媚俏丽。

铃刀舞　由一人或数人表演均可。手执道具铃刀，刀柄处有一串铜钱。舞时，铜钱的响声起着节拍作用，用单边肩、手，脚的快速颤抖，时左时右，舞姿柔美。

行罡舞　舞者在自己手执的草席上翻滚，以及靠脚板前后跟弧形着点顺向更换，构成人体圆形的高速旋转，体现出战胜邪恶的气质。

婚俗节庆舞蹈

畲族的婚庆认为是大俗，有一些与汉族不同的做法，主要是以歌代哭。有许多礼俗歌和传统舞蹈，如花轿到新郎家的厅堂，一位男长者就在花轿边跳起了《秤杆舞》。又如结婚的当天晚上，闽东地区有此风俗，一定要单独为新郎办一桌"佳期酒"，请青年男子八人上席，这时出现的舞蹈有《迎客礼》《敬酒舞》《四角厅》《马灯舞》和《蝴蝶舞》等。

迎客礼　也是畲家婚姻必有的礼节。新郎站在厅内，表示迎客，其主要动作是两手五指并拢，两个手掌的手指部分连接相叠，作圆形舞动，从左下方，经左向上，再经右向下，当举至上方，头部略微前俯。被请赴宴的八位客人，进门来，也舞此动作表示答礼。

敬酒舞（也称敬茶舞）　当赴"佳期酒"的八位客人迎进大

厅后，主人双手捧出茶盘，从后厅半跪蹲式的舞姿至厅中，先敬天地、祖宗，然后左右穿梭地舞蹈，按客人的辈分大小，依次敬茶酒。做毕，又同样的左右穿梭地跳舞，将酒盅一一收回。

四角厅 又称《八角厅》，乃在《敬酒舞》之后，隆重敬请贵客入席安位之意。主要是客人在入席前，围绕着《佳期酒》八仙桌周围跳舞。舞蹈分前后两节：前一节，由两人舞蹈至桌前，一手拿酒盅、汤匙、筷子，另一手拿四方帕，对着酒盅、汤匙、筷子上下左右前后有节奏地摆动，身体和脚步亦有节奏地扭摆，模仿擦洗餐具的动作，并把它美化成诙谐有趣的舞姿。舞后，把酒盅、汤匙、筷子摆好。后一节，两人各以一手提凳子的一端，使凳子悬空，一手拿四方帕，身体和脚摇摆踏舞，模仿擦拂凳子的动作，并把它美化为舞蹈。舞毕，将凳子放回原处。

▲ 新娘敬茶

马灯舞 是江西东北部畲民的传统舞蹈。每逢春节或喜庆期间，畲民就跳起马灯舞，舞者一般由十三人（有时也可多两人或少两人）组成，是集体舞蹈。跳时，前面有一人手提龙灯引路，紧跟着四个人分别提着一对鲤鱼灯和两只花篮，象征着"鲤鱼跳龙门，鲜花开畲乡"。后面是八个人，身上各绑上一盏马灯，马头绑在舞者腰部前面，马尾则绑在舞者腰部的后面，作骑马状。跳时灯内明烛高照，锣鼓伴奏，既歌且舞，唱的主要是"采茶歌"（"徽调"），音调明快嘹亮，舞姿矫健活泼，节奏由慢而快，犹如万马奔腾，灿若流星，令人心旷神怡，目不暇接。

蝴蝶舞 因舞步从开始到结束形成一只蝴蝶造型，故名"蝴蝶舞"。这是一种动作简单、规范，全由男性畲族同胞跳的群舞，是畲族婚礼中必不可少的仪式。蝴蝶舞由参与闹洞房的伴郎组成，二人、四人或八人一起成双成对跳，舞步及动作大致是：

畲族婚礼
《蝴蝶舞》

　　舞者成双并肩而立，双手自然下垂，根据站立方向，分别由左脚或右脚先起舞，舞步交叉进行，每迈开两步，舞者要来一个照面并拱手作揖，如此反复进行。先从想象中的蝴蝶眼睛部位起舞，接着沿蝶身、蝶翅等部位舞成双只蝴蝶造型。蝴蝶舞是湾里畲族群众代代相传的一种风俗，是畲族青年结婚必行之礼仪，犹如梁山伯与祝英台化身为蝶，比翼双飞，永不分离，寓意新婚夫妇相亲相爱，白头偕老。在福建省柘荣县楮坪乡湾里畲族村至今保留着这一较为原始的婚庆礼仪舞蹈。

　　新中国成立后，党和人民政府十分重视畲族民间文艺的发掘和整理，使一部分久已失传的畲族民间传统舞蹈得到恢复与发展。文艺工作者根据畲民的婚礼仪式中的舞蹈动作（如蹲步、团拜）与场面（如拜堂、换灯、献茶、敬酒等），加工整理成《婚礼舞》，是畲族人民现实生活的艺术反映。《婚礼舞》由十个演员表演：新娘、新郎、两个陪婚男角、两个陪嫁女角、一对提矮灯男女、一对提高灯男女。舞蹈开始时，由两对提灯男女为前导，继则请出新郎新娘，陪婚、陪嫁男女尾随新郎新娘后面，鱼贯步入厅堂，表演拜天地、拜祖宗、换灯、献茶、蹲步、团拜、安坐入席、敬酒、送客等情节的舞蹈，舞蹈的基本动作为直蹬、斜蹬、走蹬等步伐，双手摆动。伴奏的有4/4拍子四句头的分节歌，节奏平稳，音调悠扬，把抒情与热情交融在一起，具有浓郁的乡土气息和畲族风格。

畲族舞蹈《花朝节》

1963年福建畲族表演唱《难为迎亲伯》、1980年山歌剧《金鸡娘》和畲族小戏《考女婿》，以及1982年畲族歌手演唱的"双音"等，被评选参加全国性文艺汇演。参加全省性文艺活动并获奖的有畲族舞蹈《龙伞舞》《畲岭迎亲》《欢乐的鸭姑》等。1980年全国少数民族文艺汇演时，浙江畲族演出的《幸福路》《凤凰彩带飞北京》《银耳花开》都得到好评。反映畲族婚俗为题材的舞蹈《新婚》被评选为优秀节目。反映畲族人民生产生活的彩色电影故事片《喜鹊岭茶歌》，也是畲族人民所喜闻乐见的。

畲族舞蹈《竹响畲山》

丧葬舞蹈

相传古代畲民行悬棺葬和火葬，葬时，吹打长箫木鼓，男女连声高唱，窈窕踏舞，三天三夜。畲族丧葬舞蹈有《六节花》和《告慰仪》等。

六节花 舞者三、五、七人不等，在殡殓前跳舞，舞者两手指间各夹一朵六节花，往返穿梭地成"弓"字队形。

告慰仪 乃死者亲属绕尸踏舞，以示告慰死者，告别亲人。

情歌对唱《有缘久长长》

畲族舞蹈《凤冠银光》

此外，文艺工作者还根据畲族迎祖的仪式与热闹场面以及生产活动等，于1955年加工整理成《龙伞舞》《采茶舞》《畲民欢乐舞》《龙头舞》《翎羽舞》《油茶舞》《采药舞》《采棉舞》《喜迎亲》等，这些舞蹈都参加了省民间文艺汇演，甚得好评，有的被选到北京参加全国民间舞蹈汇演。《婚礼舞》还拍成了电影。

近年来福建省宁德市畲族歌舞团文艺工作者深入畲家村寨，挖掘、整理、改编创作出许多畲族舞蹈。编创了大型畲族风情舞蹈《凤凰到此》、节俗舞蹈《祥瑞畲乡》。其中根据传统巫舞改编创作的《手指舞》，反映女子祈求爱情的《花朝节》，反映新娘凤凰装的《凤冠银光》，反映上山劳作场景的《竹响畲山》，反映拦路情歌的歌舞《有缘久长长》等，在全国、全省各种汇演比赛中多次获奖。

传统体育

传统体育竞技的种类

畲族传统的体育竞技是畲族社会历史的产物，与其风俗习惯紧密相连，富有鲜明的民族特色。

时令性的体育竞技，即结合畲家时令节日开展群众性的体育

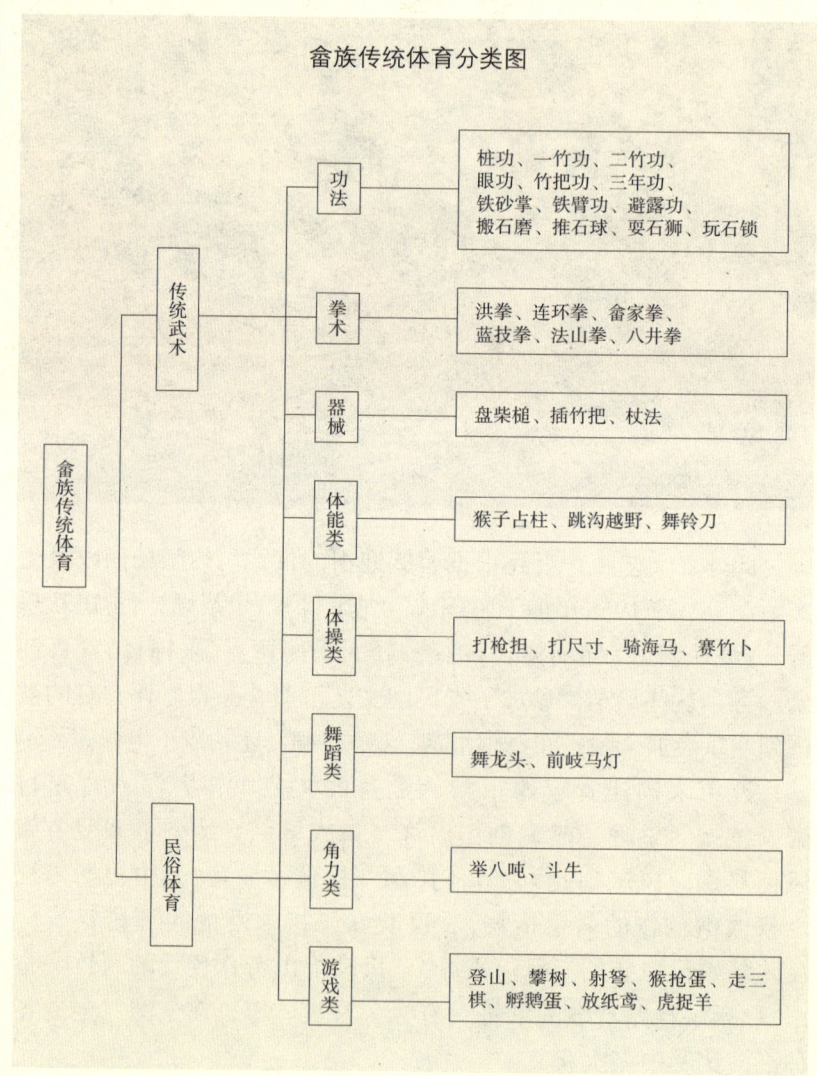

畲族传统体育分类图

竞技活动，最为突出的是节日登高爬山竞赛。每年农历二月初一、三月初三、分龙节、九月初九等，畲家往往举寨倾村，出门登山，男女老少，少则几十人，多则几百人，身着畲族盛装，成群结队做登山比赛。村民成群结队登到半山腰时，再由各村遴选五对青年男女组成"十全队"，进行比赛，最先到达山顶者则被誉之赴"蟠桃会"，他们可以得到"仙桃""仙酒"等美味佳肴的奖赏，除了各村"十全队"先达峰顶外，其余登山者也陆续登上峰顶，迨全部村民登上峰顶后，即席地而坐，饮酒盘歌，甚而通宵达旦。畲家认为"寿比岭高"，畲歌云："生在青山山里过，山

打枪担
▼

哈总得要快活，登高赛似逛闹市，唱歌赢得咬莲窝。"

生产性的体育竞技，即结合户外劳作利用生产工具开展竞赛活动。如居住在闽东沿海一带的畲族村民利用滩涂养殖生产的交通工具滑泥板，亦称"赛海马"，展开竞技活动。他们用"赛海马"比速度、比花样、比载重，个人之间、小组之间、村庄之间比试，参与者很多，气势非凡。相传明嘉靖年间，抗倭名将戚继光驻防福宁府（闽东）海域，利用"赛海马"调集兵士辎重，大

败倭寇。又如流行于闽、浙畲区的"打枪担"。畲村男女上山割草砍柴时，常就地砍竹一根，削尖两头，用以挑草（柴），此竹器称为"枪担"。枪担长两米余，两端成斜面，尖状。既是劳动工具，也是防身之器。上山时，他们一边唱山歌，一边用柴刀敲击"枪担"。后人经过加工提炼，逐渐演变成一项传统体育项目。"打枪担"注重力度、节奏。

游戏性的体育竞技，开展的时间是在饭后工余，地点为村前屋内，主要参加者是男女青年和少年儿童。如闽东畲族山区儿童的"虎抓羊""猴抢蛋"等活动。"虎抓羊"由十来个儿童围在一起，一人当"虎"，一人当"羊"，其余人站圈拉羊做阻虎护羊的"羊栏"，上下举手，左右移步，"虎"追"羊"逃，紧张热烈。又如江西畲村女青年善踢毽子，毽子以鸡毛或绒线制成，一般为两人轮踢比赛，比时间、比花式、比踢的次数，输者受罚，谓之"供毽"。男青年则比"扳手劲""挤手力""挤肚力"等。"挤肚力"是两人取马步姿势，将一根棍子或扁担的两端抵住各自下腹部，以挤退对方者为赢。

传统体育竞技的特色

体育竞技再现民族历史。如闽、浙畲区的体育活动，传说是公元7世纪畲族领袖蓝奉高率领畲族人民抵御入侵者，在柳营江南岸用断弓尽扫对岸敌箭的英勇壮观场面。为了纪念蓝奉高的抗敌精神，每年都开展"打尺寸"活动。所谓"尺"代表断弓，"寸"喻为残矢。参加竞赛者至少两人，多则五六人。在一块长30米、宽10米的场地一端正中处画一直径为1.5米的圆圈。一人持一长约30厘米，粗1.5厘米的木棍（即"尺"）和若干支大小如铅笔的竹条（即"寸"）站立圈内。用木棍击竹条飞向前方，其他人往前场奔接，接到者就得一定"尺寸"，未接住的竹条被就地捡起后可向圆圈投去。持棍者可用手接（接住得一定"尺寸"），也可以用棍将其击出。如竹条投中圈而未被接住或未被击出，则投者得胜，持棍者换人。如竹条投落圈外，或被击出（投者不能接，接则受罚），其落点经丈量后，根据其离圆圈周距的远近，给予持棍者一定"尺寸"。在约定时间内先得一定"尺寸"，或得"尺寸"多者为胜。

体育竞技源于生活习俗。如流行于浙南畲区的"稳凳",其原型为巫术占卜的"问凳",竞赛活动是借助"稳凳"以转、翘、摆、摇、蹬凳等为基本动作,进行"稳凳"套圈和插旗等比赛。"稳凳套圈",是由两名竞技者分别坐于凳子的两端,每人手持有10个竹制的小套圈,他们必须在不断转、翘板凳的过程中,力争将圈套在离凳二三米远处的旗杆上,最后以套中多者为胜。"稳凳插旗",也是由两名竞技者分别坐于凳的两端,他们手中各持一面红旗,然后开始转动稳凳,裁判下令后,力争将旗插在近处的旗杆上,以先插好为胜。

武术

畲族人民练拳习武之风十分盛行,经过千百年来的传承、加工、提炼,已成为独具一格的民间武术。畲族武术分棍术和拳术两种。"盘柴槌"就是棍术中的一种。福建福鼎市磻溪乡牛埕下畲胞称之为"打柴棒"。由于器械之长短和功用的不同,柴槌又分两种:一种叫"丈八棍",长一丈二尺,由一人耍弄表演,又叫"中拦",有攻有拦。另一种七尺长,由两人对打,互相配合,叫"盘柴槌"(或称"齐眉杖")。棍术名目繁多,动作复杂多样,有七步、九步、猴子翻身、双头槌、三步跳、四步半、天观地测等等。

拳术广泛流传于畲族山村,是畲族人民世代流传的民族民间群众性护身和健身的体育活动。特别令人叫绝的是在拳术中有一种绝招点穴功夫,就是运用手指头点按对方某一穴位,使之动弹不得,束手就擒。操有这种绝技的多是德高望重的老拳师,他们不但武艺高超,而且还练就一身点穴解

畲族棍术

畲族武术

《畲族拳》书影

救之法。在拳师带徒授艺时，十分注意以武德育人，严禁仗艺凌人，惹是生非。精通武艺之人，一般都擅长医术，救死扶伤，扬名四方。

这里值得提起的是福建罗源县八井村畲族的拳术，更是攻防有术，招式多变，独具一格，世代相传，经久不衰。他们称拳术为"打工头"。每逢年节和农闲时，经常可看到人们习拳练武的身影和听到连连不断的吼声。在全村300多人中，至少有一半以上的人都会拳术，其中小的只有7岁，大的高达69岁，13岁以上的男子几乎都会，甚至连小女孩到老年妇女也有练拳习武的习惯。他们的拳术功夫高深，技术精湛，远近闻名，影响较大，不愧成为"拳术之乡"。

八井拳术历史悠久。相传明成化年间从广东迁居福建的雷安和与安居两兄弟就擅长拳术，并沿袭至今。每逢农闲季节，全村青少年便拜技艺高超的老者为师傅，练习拳术，为期一个月，需连续拜三个师傅才算出师。这里人们迄今仍传颂着：早在清初，有个技艺精湛的老拳师叫雷国楚，他曾在宁德大桥上一个人就打死了十八个寻衅的拳师而一时被传为佳话，迄今畲民仍以此感到自豪。现在，八井村能带徒弟的师傅就有二十余人，附近一些流氓、地痞慑于八井拳术之威力，从不敢在这里为非作歹，惹是生非。

八井拳术在经过畲族人民的千锤百炼之后，已初步形成了比较完整的攻防套路和具有自己独特的风格。它既具有与我国南方民间传统拳派一样的短促有力、迅速凶猛的特点，又具有比较完整的攻防套路和鲜明的民族风格。

福安市金斗洋流传着"畲家拳"与少林寺关系的来历：相传在清雍正年间，少林志士四起，高举反清复明的旗帜，震撼着清

畲族武术

王朝的封建统治，清廷派兵镇压，焚毁泉州少林寺，肆意残杀无辜的寺僧，欺压老百姓。少林寺僧铁珠、铁鞋、铁柄、铁板等被迫四处逃难。铁珠流落到福安县金斗洋畲村。畲族人民怀着对封建统治者的刻骨仇恨，十分同情铁珠的不幸遭遇，给予热情的接待，于是铁珠隐姓埋名，在畲村金斗洋安居下来。

铁珠并不甘心忍受清廷的摧残压迫，立志誓死报仇雪恨。他披星戴月，夜以继日，苦练武功，三年时间，练成一身好武艺，与此同时，铁珠目睹畲民惨遭封建的压迫和剥削，于是便开设武馆，教授畲民练拳习武，一时金斗洋畲村掀起了舞枪弄棒的"功夫热"。畲民勤学苦练，精益求精，博采武术之精华，创立了独具一格的武术流派——"畲家拳"。

为了纪念铁珠师傅的精心教授，把"畲家拳"命名为"牛家桩"。随着历史的前进，经过不断的发展，这里的武术之精粹已是闻名遐迩。

"畲家拳"练功的方法独特，人们砍伐一节竹筒，凿一孔，放入一条毒蛇，待蛇尸霉烂后，习武者把手插入筒内，蛇毒使手奇痒难受，五指须摩擦为快，从插米糠、大米、沙到铁砂，练就"铁砂掌"本领。

"柱杖"、铁锄头、扁担既是畲民的生产工具，又是练拳习武的器械。"柱杖"、铁锄头，几乎人手一杖，他们在杖头加套铁环，两头可用，练就劈、撩、拦、挑、戳、击等套路，其威力无比。畲家拳的独特风格和独树一帜的练功方法，誉满乡里，它不愧是中国武术百花园中的一枝奇葩。

工艺美术

畲族的工艺美术是和畲族人民的生产生活紧密相连的，它通过衣、食、住、行等生活的方方面面服务畲族人民，同时又是畲族物质生活水平和审美价值观的集中反映。畲族的工艺美术在种类上，涉及建筑、雕塑、绘画、服装、纺织、剪纸等众多领域，几乎所有的艺术门类都有不同程度的涉及。特别是纺织刺绣、编织花带、编织花斗笠、木雕等方面，具有鲜明的畲族文化特征，体现了畲族工艺美术的基本民族文化风格。

果篮

刺绣

畲族妇女喜欢在衣裳的领上、袖口、衣襟边和围裙上刺绣各种花鸟和几何纹样，形成一种美丽的图案花纹。服饰的刺绣，不仅富有独特的民族风格，而且配色绚丽，花样新颖，是畲族人民特有的一种艺术，也是畲族人民勤劳智慧的结晶。刺绣的花样种类很丰富，用色很有变化。纹样的结构上，有图案上的单独纹样、连续纹样、角隅纹样等。

畲族传统编织

在形体上有自然纹和几何纹等种种变化的图案花纹。自然纹方面有梅花、牡丹花、莲花、桃花、菊花、竹花、兰花等，还有喜鹊、凤凰等。几何纹方面的锁同、卐字、云头、云勾、浮龙纹、山头、大耳、马牙纹、书宝、拾叶纹、柳条纹等。在刺绣的色彩方面，不仅富有畲族的风格，而且配合的效果也非常艳丽。用色多属原色类和第二次色类，比较鲜明强烈。如罗源畲族妇女的服饰花色都集中在领上，由红、黄、绿、红、蓝、红、黑、红、水绿这样有顺序地排列成柳条纹图案。在上领的黑地上绣一些粗线条的自然花纹，色泽也是水红、黄这一类的。围身裙的图案花样是以大朵的云头纹样为其特征，裙边也是配用柳条纹原色图案花纹，既有民族风格，看起来也颇醒目。

刺绣的手工艺品种类繁多，除在衣裤上有花边外，还在枕套、帐帘、童帽、鞋面、肚兜、五谷包、烟捻子袋等上镶花边。刺绣的题材广泛，内容丰富多彩。图案花纹尤为精美，既来自生活，又具有独特的畲族风格浓郁的生活气息，也吸收不少汉族传统的刺绣图案纹样，创造出许多新颖别致的图案花纹。

畲族的合手巾带的主要装饰是绣字，又多又好，较多编织"百年好合""五世其昌"的吉利话。合手巾带除有用文字做装饰花纹的特点外，也有编几何纹、自然花纹的。这里有两种不同形式的腰带，一种是长约四尺、宽六寸，用柳条纹组成的二方连续图案花纹的腰带，其配色大方、美观；另一种是染花镂印（也是

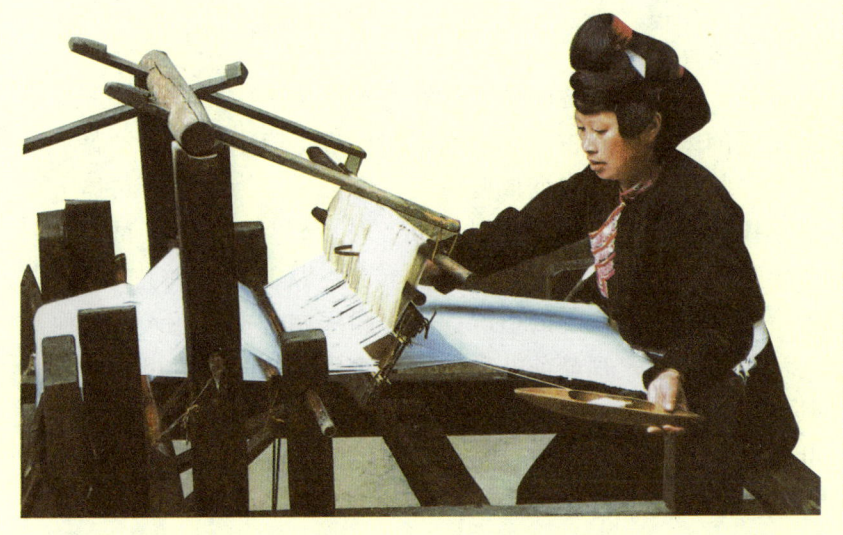

畲族古织布机

◀ 畲族绣花男

图案的一种），它和汉族的民间蓝花布一样，蓝地白花，带子长四尺、宽六寸。畲族还常把自己编织的带子拿到县城里印染铺去镂印汉族的花纹。由于历史上畲族和汉族有着密切的联系，无论从民间工艺的风格、花样和种类都吸收了不少汉族的艺术传统。

▲ 织裙带

新中国成立后，畲族的刺绣更加美丽。畲族妇女所编织的花腰带就用"社会主义好""世界和平""抗美援朝""保家卫国""增加生产""毛主席爱人民"等代替了"长命富贵""五世其昌"等陈旧词句。

靛染

▲ 刺绣

蓝靛，俗称菁。畲民种菁，有着悠久的历史。大约明代以来，闽、浙等地的畲民就已开垦荒山，种制青靛。明弘治以前，从闽西、闽南一带迁徙到莆田的畲民，因大量种菁被称为菁民。明中叶以后，又有一批畲民陆续迁移到闽东一带。他们也是开荒种菁，被称为菁客。明末清初，畲民进入浙江、浙南一带，他们搭草寮垦荒、种菁，被称为菁寮。因此，各地畲民种菁非常普遍。

明、清时期，畲民种制蓝靛，不仅量多，而且质好。相传福宁府的太姥山是古时太姥种蓝的地方，府中有蓝溪发源于太姥山，每年八月溪水变成蓝色，可以染帛。为此，清初福宁知府李拔赋诗云："蓝溪胜迹古流传，传就轻盈叠翠烟，试看年来秋水碧，混同莫辨蔚蓝天。"这个传说，从侧面反映了当时太姥山畲族地区生产蓝靛的盛况。福安同样亦有畲族迁入后"种菁为活"的记载。福鼎前岐菁寮还是畲族雷姓的重要祖居地。尤其在清乾隆、嘉庆年间（1736—1820）种植最盛。种植者将其叶绞汁，用石灰拢成靛，用于染布经久不褪色，品质极佳。同治、光绪年间（1862—1908），台湾蓝靛输入，卖菁市场受到冲

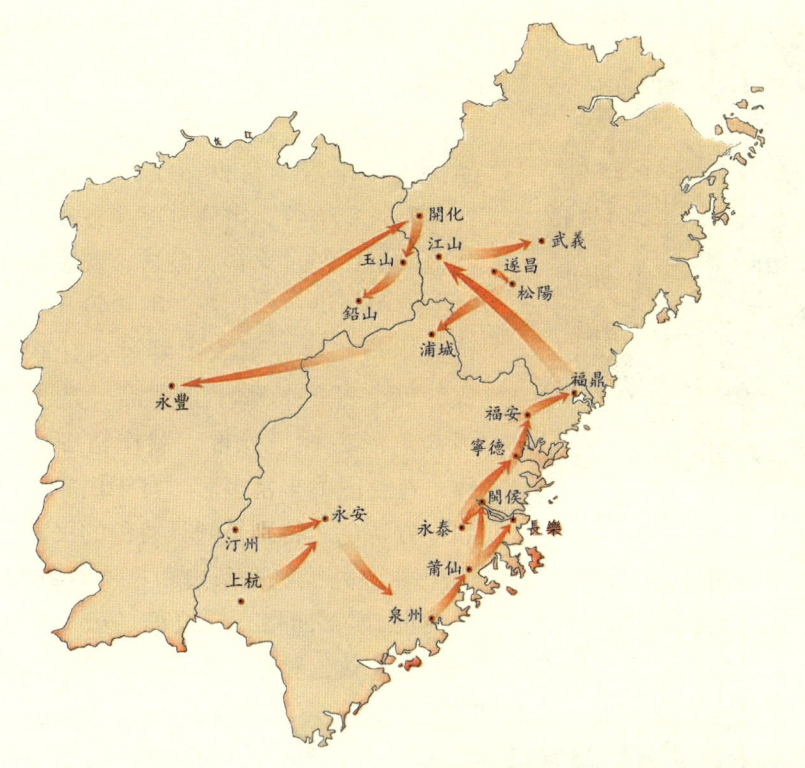

菁民足迹遍布福建

击，畲家种靛业衰微。民国时期，西洋靛竞进，比土靛强20倍且价廉，土靛在其冲击下，失去市场，种植者也日渐减少，1949年后，畲乡不复种菁。

畲家染布工艺，特别擅长染松梅花布。先制一块与布相同尺寸的薄木板或油纸板，然后用尖刀镂刻出松梅花瓣，紧贴在苎布上，用刷子将黄豆浆与米浆混合物，反复刷于镂刻花瓣上，使其凝固，再刷灰水待干。之后苎布浸入染缸，温水加热到一定程度，工匠手持两根木棒，旋回搅拌，尔后用木棒缠住苎布反复拧，目的是使苎布染得均匀。取出后放在微火锅烤干，染花布经漂洗晾干后，将凝固灰块刮去，花部位呈现白色，再放水中漂洗拧干而成。

蜡染——松梅花布

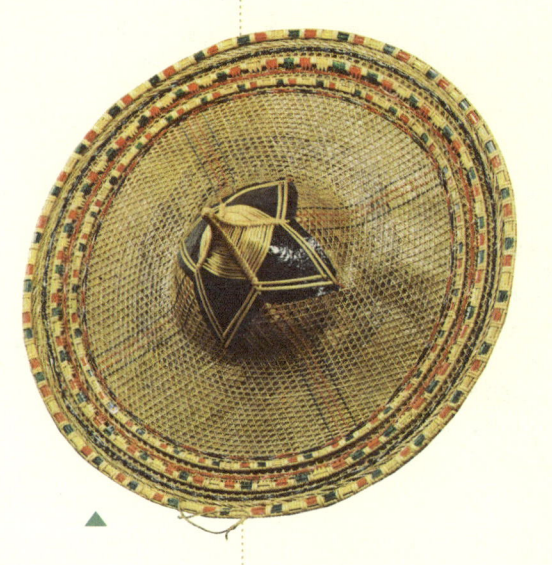

▲ 竹编花斗笠

竹编

畲山遍布竹林，为畲族编织手工艺品提供了丰富的材料，仅竹子就有石竹、斑竹、金竹、雷公竹等。畲族人民就地取材，经过选料、破竹、破篾、拉丝、编织、染色、插花、喷漆等几十上百道生产工序，编织出屏风、挂联及枕、席、笠等竹编手工艺品，造型新颖，色泽古朴、稳重，制作精细、别致，花纹图案丰富多彩，富于民族风格和地方特色。特别是颇具特色的民间手工艺品斗笠，尤为精致美观。斗笠外缘有两条边和三条边两种，做工精细。斗笠上面有斗笠砚、顶、四格、三层檐、云头、燕嘴、虎牙、斗笠星等几种相间的花纹，整个是用油嫩剔透的五彩九重篾编织而成。竹篾细如发丝，竹篾的细度不到0.1厘米，一顶斗笠的上层篾有220条至240条之多。由于花纹细巧，工艺精致，造型优美，加上水红绸带、白带及各色珠子搭配起来更加富有民族风格，无论是赶集、赴会、走亲戚访友做客，都要戴着它，成为畲族妇女们最喜爱的装饰品。

▲ 竹林

▲ 竹编花斗笠

剪纸

畲族剪纸工艺简练、古朴，饶有浓郁的装饰情趣。多数剪纸是以原色纸张剪成，以黑白组成对比，多用于刺绣鞋、帽、烟袋、包袱等日常生活用品上图案花纹的底图。畲族剪纸线条流畅，秀丽挺拔，富有民族风味和地方特色，内容大多表现民间喜闻乐见的花鸟、走兽、人物、吉祥图案等，尤其剪刻鸟、兽、人物，形象生动，栩栩如生。刻工纤毫毕露，深得人们的喜爱。

◀ 凤凰图

银饰

银饰加工，又称打银。银饰是畲族银饰工匠专门为畲族女子、小孩和日常生活加工而成的银饰品。银饰品是畲族人民不可缺少的日常生活用品，包括新娘凤冠、小孩胸牌、首饰、头簪花、头钗、儿童帽饰、脚饰、茶盘、茶壶、酒壶等。其工艺流程复杂精密，每道工序的要求之高、操作之精，可堪称一绝。长期以来，其生产技艺全靠师徒传承、世代相传，还要凭悟性和长期实践的体会及感觉才能掌握，银片的延展、熔炼温度的控制等，没有具体的量化指标，全凭经验掌握。

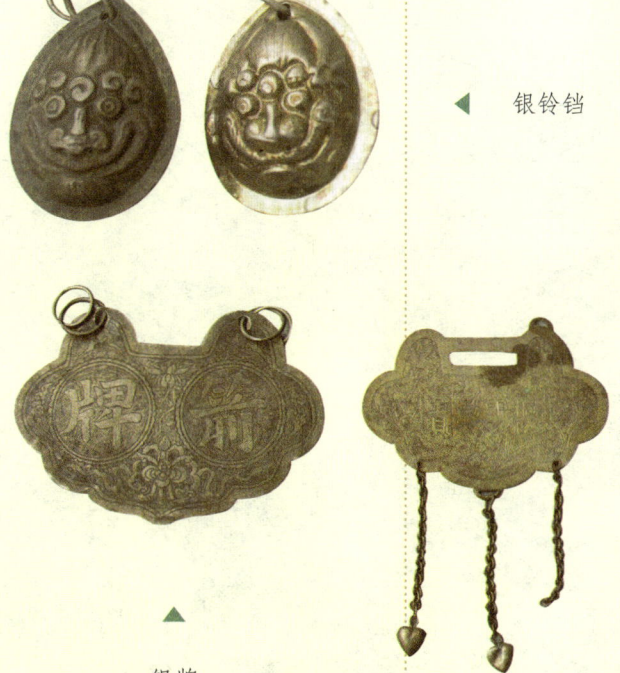

◀ 银铃铛

▲ 银牌

第五章
畲乡新貌

新中国成立后,畲族人民和全国人民一样经历了土地改革、合作社运动、人民公社。随着改革开放的不断深入和发展,畲族人民在党和政府的领导下,团结奋斗,经过三十多年的艰苦努力,畲乡发生了翻天覆地的变化,各项事业的发展令人惊喜。

民族区域自治与分布

民族区域自治

1949年中华人民共和国成立后,在共产党和人民政府的关怀下,畲区的社会关系发生了深刻的变化,广大畲族人民处于完全自由、平等、互助的地位。

在畲族聚居的福建、浙江、广东、江西和安徽各省各级人民政府都设立了民族事务委员会、民族事务处和民族事务科等专门机构,负责管理包括畲族在内的少数民族事务。

1952年福建省人民政府在新中国成立后第一份畲族调查报告《畲族福安县仙岭洋村调查情况》中,阐述了"根据共同纲领精神,在少数民族聚居地区推行民族区域自治"的必要性的可行性问题。1953年2月,福安县人民政府遵照1952年政务院《中华人民共和国民族区域自治实施纲要》,在第十一区的畲族聚居地批准成立畲族仙岩乡人民政府,这是新中国成立后的福建省第一个畲族自治政府,也是畲族管理本民族事务的第一个尝试。

1957年和1958年两年中,福建、浙江等省遵照1955年国务院《关于建立民族乡若干问题的指示》,在畲族聚居的若干区域成立区人民政府管辖下的畲族乡人民委员会。这时,中国畲族人口最多最集中的闽东北和浙西南分别先后成立了50个畲族乡人民委员会。畲族乡中的畲族人口在50%以上。畲族乡人民委员会中,畲族正副乡长、乡政府委员、乡人民代表均占70%以上。

1984年以后闽、浙、粤、赣、皖等省人民政府遵照1983年《国务院关于建立民族乡问题的通知》,至今一共成立了45个畲族乡,其中福建省18个,浙江省18个,江西省7个,广东省和安徽省各1个。畲族乡内畲族人口有13.5万人,约占畲族总人口的25%。各畲族乡乡长均由畲族担任。

1984年6月30日,经国务院批准,设立浙江省景宁畲族自治县，这是中国的第一个畲族自治县。自治县根据《民族区域自治法》，在县级领导班子中配备了若干畲族干部。

人口分布

畲族人口除了自然增长之外，20世纪80年代以后随着民族政策的进一步落实，许多畲族群众的民族成分得以确认，畲族人口有了较大幅度的增加。

根据2000年全国第五次人口普查，全国畲族709 592人，在全国55个少数民族中排列第十九位。主要分布在福建、浙江、江西、广东、安徽、湖南、湖北、贵州等省；

福建省375 195人，约占畲族总人口的53%，主要分布在福安、霞浦、福鼎、宁德、古田、罗源、连江、顺昌、建阳、建瓯、宁化、永安、上杭、漳浦、龙海等53个县市；

浙江省170 993人，约占畲族总人口的24%，主要分布在景宁、丽水、云和、文成、泰顺、平阳、苍南、遂昌、龙游、武义、桐庐等29个县市；

江西省77 650人，主要分布在贵溪、兴国、永丰、吉安、铅

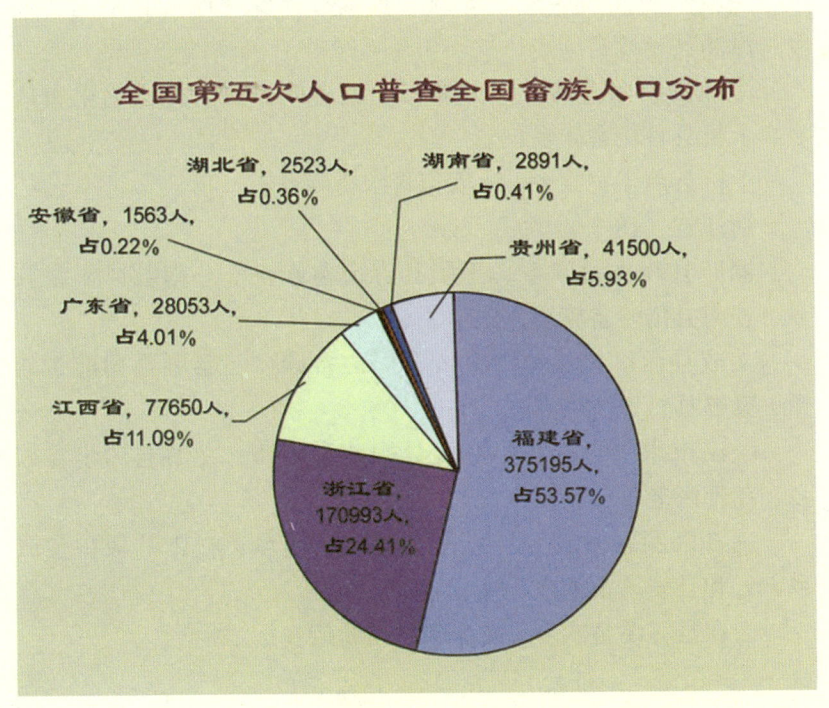

山、吉水、资溪、弋阳等18个县市；

广东省28 053人，主要分布在潮州、河源、增城、博罗、惠东、丰顺、南雄、乳源等15个县市；

安徽省1 563人，主要分布在宁国市；

湖北省2 523人，主要分布在恩施市；

湖南省2 891人，主要分布在桂东、汝城、炎陵等县；

贵州省41 500人，主要分布在以麻江县为中心，凯里市炉山镇以及福泉、都匀、贵定等周边县市的部分地区；

其他省市区9 224人。

民族乡（镇）分布

全国共有畲族乡（镇）45个：

福建省（18个）

福安市坂中畲族乡、福安市穆云畲族乡、福安市康厝畲族乡、霞浦县盐田畲族乡；

霞浦县水门畲族乡、霞浦县崇儒畲族乡、福鼎市硖门畲族乡、福鼎市佳阳畲族乡；

蕉城区金涵畲族乡、罗源县霍口畲族乡、连江县小沧畲族乡、漳浦县赤岭畲族乡；

漳浦县湖西畲族乡、龙海市隆教畲族乡、宁化县治平畲族乡、上杭县官庄畲族乡；

上杭县芦丰畲族乡、永安市青水畲族乡。

浙江省（18个）

桐庐县莪山畲族乡、平阳县青街畲族乡、苍南县凤阳畲族乡、苍南县岱岭畲族乡；

文成县西坑畲族镇、文成县周山畲族乡、泰顺县司前畲族镇、泰顺县竹里畲族乡；

兰溪市水亭畲族乡、武义县柳城畲族镇、龙游县沐尘畲族乡、莲都区老竹畲族镇；

莲都区丽新畲族乡、遂昌县三仁畲族乡、松阳县板桥畲族乡、云和县安溪畲族乡；

云和县雾溪畲族乡、龙泉市竹垟畲族乡。

广东省（1个）

东源县漳溪畲族乡。

江西省（7个）

铅山县太源畲族乡、铅山县篁碧畲族乡、贵溪市樟坪畲族乡、南康市赤土畲族乡；

吉安市青原区东固畲族乡、永丰县龙岗畲族乡、乐安县金竹畲族乡。

安徽省（1个）

宁国市云梯畲族乡。

经济和社会文化事业的发展

经济

农业 新中国成立后，党和人民政府重视粮食生产，不断增加农业投入，逐步改善生产条件，提高科学种田水平，粮食产量逐年稳定增长。还建立畲乡农业示范基地，如福安溪塔百亩集中连片刺葡萄沟等优质水果示范基地、屏南巴地反季节蔬菜示范片、景宁惠明茶等多个茶叶生产名优品种示范村。

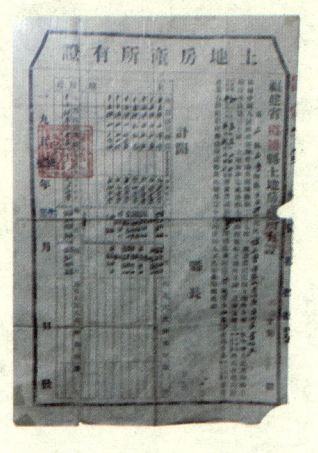

1951年土地房产所有证

畲乡的特色农业主要有茶叶和水果。畲民无园不种茶，加工技术也较精细，产生了名茶，如景宁的惠明茶、福安的坦洋工夫茶等。水果有景宁本地名果高山雪梨、板栗、杨梅、山楂、石榴、葡萄、

白茶和红茶

枇杷、柿、猕猴桃、杏、白果等20多个品种。福建畲族地区的水果主要有龙眼、芙蓉李、葡萄、橄榄、荔枝、水蜜桃、柑橘等。

畲乡林业资源丰富，主要有杉、松、樟、桐树以及绿竹、毛竹等，竹里、青街、司前是温州的重要的竹乡。山区普遍种植香菇，应用高科技手段制作菇棒，食用菌生产领域不断扩大。浙江景宁、福建古田是世界香菇人工栽培发源地之一。

畲乡利用山地优势，引进饲养优质山羊和优质兔，饲养白毛

春满畲山
▼

乌骨鸡等，景宁、江山、龙游等地畲民办起养蛇场。苍南县岱岭畲族乡以群众股份合作形式，筹资30余万元，创办乡畜牧厂，建立山羊养殖基地。

沿海地理位置优越，福建、浙江沿海的畲民主要以海洋业和淡水渔业为主。有福建大黄瓜鱼、"二都蚶"、官井洋、霞浦海带和紫菜，浙江深海黄花鱼等，海洋渔业水产品养殖呈产业化发展。

◀ 畲家果园

◀ 香菇

◀ 西胜竹林

◀ 福建省柘荣县太子参种植

福安电机业

工商业 党的十一届三中全会以后，畲乡工业获得蓬勃发展。初步形成了以水电、电机电器、船舶修造、食品加工、竹木加工、矿产铸造、医药化工、建筑材料和包装印刷为重点的门类较为齐全的地方工业体系，工业成为许多畲族地区最大的产业。

各级政府加大畲乡工业园区的开发力度，景宁畲族自治县规划出企业落户园区。樟坪畲族乡借助工业园平台，以招商引资为突破口，走出山门，在异地建立"樟坪畲族乡民族工业园"。

1998年在福安穆阳成立的福建省福安畲族经济开发区，是全国唯一的畲族经济开发区和国家民委改革开放的联系点，开发区引进、培育了多家产业项目落户。此外还有福安市坂中畲族乡电机电器工业园区和福鼎市硖门畲族乡的文渡、柏洋两个工业小区。经济开发区和工业园区的建设在推进民族乡经济发展中起了重要作用。

交通业 新中国成立后，党和政府十分重视交通业的发展，投入巨资扶持交通建设，加强畲族乡村的基础设施建设，交通情况发生巨变。

曾经的山路

干净的村道

上金贝村宽敞的道路

近年来，畲区已经基本完成了路网、饮水和贫困村造福搬迁等基础设施建设，大大改善了畲族群众的生产生活环境和生存条件。为了增强畲区的发展后劲，畲区在上级的关心和重视下，通过省、市、县三级挂钩帮扶，进一步优化发展环境，增强民族乡村发展的"造血功能"。

社会文化事业

教育 新中国成立后，党和政府极力倡导畲族子弟入校就学。1978年以后畲族教育在改善办学条件、增加教育经费、普及九年义务教育以及提高教育质量等方面取得很大进步。党和政府在畲族聚居区专门设置民族中小学（班），方便广大的畲族子弟得以就近入学。

畲族文化全书

全国加强对少数民族教育的投入，新建、改建和扩建了多所独立设置的民族寄宿制中小学；民族中学办学条件不断改善，办学质量不断提高。增加对民族高等院校的投入与扶持，

畲族文化展

第五章 畲乡新貌 123

畲族勤奋好学的学生

福安畲医畲药

培养了大批畲族骨干人才,还专门设立了少数民族骨干高层人才培养招生计划。加强少数民族传统体育项目基地建设,落实各民族学校传统民族体育项目的传承与训练,还开设畲族传统文化、传承人培养项目或课程。

医疗卫生　畲族地区有多级民族医院、卫生院、村办医疗站以及畲村建立了新型合作医疗。由于经济发展,卫生和生活条件的不断改善,疾病的普查普治,使畲族人民身体健康不断得到提高。畲民平均寿命由40多岁提高到70余岁。

畲乡有着得天独厚的中草药资源,畲族人民在长期的生产劳动和生活实践中,在与各种疾病斗争中,积累了丰富的中草药防治疾病的经验。为了加快民族医药研究推广工作,福安市于1992年成立了民族医药研究所,其宗旨是总结、整理和开发应用民族民间医药。近几年来,在挖掘、整理畲族医药方面取得了可喜的成绩,出版了《福安畲医畲药》。

畲族诊疗手法

全国各畲族乡都建立了图书馆、文化站、社会福利院、幼儿园等。畲乡文教卫生事业的进一步提升，促进了民族地区的和谐发展。

文化 十一届三中全会以来，畲族文化艺术事业得到迅速发展。畲乡各地纷纷建文化馆、图书馆、影城、文物库房、新华书店等文化场所。福建宁德先后建立了畲族歌舞团、畲族革命纪念馆、畲族博物馆、中华畲族宫，使畲族文化及旅游资源得到开发和利用。畲乡常组织民族文化工作队演出。如浙江畲族民间艺术团以歌舞为主要演出形式，开展民族文化服务、宣传和辅导活动。景宁畲族自治县成立后，文化艺术创作实现了新飞跃。在国家、省、市各级文艺调演和比赛中获得了近500个奖项。文化部门大力开展文化下乡演出活动。通过文艺汇演、文物展览、售书、放电影等形式，组建"文艺直通车""流动电影大篷车"走进农村、库区，走进基层。

> **知识链接** **畲族歌舞团** 福建省宁德市畲族歌舞团成立于1988年，是全国唯一以畲族命名的专业文艺表演团体。

第六章
特色村寨

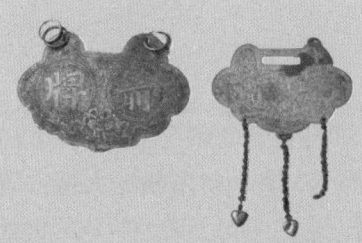

随着时代的变迁与城市化进程的加快,许多积淀着丰厚文化底蕴的古村落逐渐消失。然而在青山绿水中有许多古老的畲族村寨依然保存着民族特色,向人们诉说着那份醇厚的乡情。

文化名村——大均村

大均村位于浙江省景宁畲族自治县城郊，畲族人口占比33%。这里生态卓绝，环境幽雅，风光秀丽，人文凝结，处处泛着文化古村的光芒。

古街遗韵

村内铺设有精巧石板的老街、质朴自然的卵石泥墙、旧式门窗的临街铺面、曲折相通的幽深小巷……整个村落格局大抵古貌犹存。村里至今还保存着清嘉庆年间创建的明德书斋，明代为褒扬一门三进士而奉旨三门并开的李氏宗祠之墙门，建于晚清工艺考究的砖雕门楼等等，显示出这个古村落是"耕读可尚"成风的古老文化遗存。人们走进大均，在扑面而来的带着畲乡特有气味的气息环绕周身的同时，心灵也被这个人称"畲乡之窗""芙蓉镇"的历史所震撼。

大均村历史上是方圆百里的文化名村。明清时代，共有进士3名、举人4名、贡生56名、秀才46名。明朝天顺六年（1462）大均秀才李琮中举，天顺八年中进士，授南京吏部主事，后来其

大均村古街

弟李璋和李璋之子俱中进士。为褒扬这一门三进士，景宁县奉旨在县北建兄弟方伯坊、父子进士坊，大均村建骑街进士坊，李氏宗祠正门并开三门，一大二小，悬"父子方伯""兄弟进士"匾。大门首旗杆同一时期达六对之多。门前的牌坊门楼于2006年恢复，上悬当代书法家、中国美院教授、博士生导师祝遂之的题匾"大均古街"。抗战时期，浙江省府内迁，省教育厅、财政厅分驻景宁和大均。省厅要员、名流雅客频繁往来，为景宁为大均

◀ 大均村

留下许多文雅故事。村头的观音阁、浮伞祠均有题咏,不少人家藏有那些珍贵的字画。

进入新世纪,大均人大兴旅游业,以古村为依托,先后开发了大均漂流和畲族婚嫁表演等项目,农家乐旅游红红火火。

生态乐园

大均畲乡之窗景区是县生态示范点,2009年被批准为国家AAAA级景区。该景区以畲族风情为载体,融自然山水、人文古迹于一体,开发出畲族婚俗、浮伞仙漂等项目,建成以休闲度假、水上活动、游览观光为主要内容的城郊生态旅游风景区。

拥有红色文化的苏家坡村

苏家坡村位于福建省龙岩市上杭县古田镇与新罗大池交界处的

巍峨大山里，是镇里唯一的畲族行政村，距举世闻名的古田会议旧址仅15公里。该村保存着中共闽西特委机关旧址"树槐堂"、中国共产党早期党校"闽粤赣三省干部训练班"旧址"鸿玉堂"和当年毛泽东同志休养、读书的圳背岩"主席洞"等革命遗址文物。

树槐堂建于明末清初，相传是参加过张献忠领导的农民起义的苏家坡人雷进坤回家隐居时所建，属土木结构。建筑坐西朝东，面阔七间，进深六间，砖木结构，三合土地面，建筑面积672平方米，占地面积1 100平方米。一正两横布局，正楼分前、中、后三进厅堂，后厅为两层堂屋，中、后厅左、右两侧均设有厢房；两横为南北两侧护厝。1929年10月为中共闽西特委机关旧址。当年毛泽东在树槐堂后厅创办了一所畲村"平民小学"，开学那天，近20名男女小孩子背着书包，欢天喜地走进课堂。毛泽东亲自为学生们上了第一课。

树槐堂旁边不远处的"鸿玉堂"是中国共产党的早期党校——闽粤赣三省干部训练班。毛泽东在苏家坡这段时期十分关注"鸿玉堂"的闽西干部训练班，除经常询问训练班的情况外，还亲自为学员们讲授马列主义课程。

在树槐堂右侧半山腰上有一天然岩洞——圳背岩洞，洞内冬暖夏凉，环境清新、幽静，是毛泽东当年休息、读书之处。现在

毛泽东在苏家坡

▸ 树槐堂

当地人都把它叫作"主席洞"。

  2005年5月，福建省人民政府公布树槐堂为第六批省级文物保护单位。2008年5月，在树槐堂内的闽西畲族陈列馆正式开馆。2014年2月，国家民委将其命名为第四批全国民族团结进步创建活动教育基地。

人文历史悠久的上金贝村

  上金贝村位于福建省宁德市蕉城区金涵畲族乡。境内不仅自然环境优美，物种丰富，植被保存良好，且畲族民风淳朴，民俗风情浓郁。更是人文历史悠久，建有唐大中八年的金贝寺和建于明朝的烽火台以及600多年来史学家苦苦寻找的有待考证的明朝建文帝陵寝等众多历史景观。

▸ 上金贝村

  上金贝村属社会主义新农村建设示范村，有"四园"景观：新农村建设示范园、畲族村寨风情园、城镇生态休闲园、上金贝古墓园。

宁德市上金贝村全景图

上金贝村蜜柚飘香

新农村建设示范园

完善基础条件，新建蓄水式拦水坝，库容6 000立方米，解决村庄绿化、净化和灌溉用水问题；拓宽改造进村公路，硬化路面由3.5米改造至7.5米，全面改善交通条件；立足当地气候及地理条件，发展特色、支柱产业。目前，全村已发展蜜柚503亩，并注册了"金贝蜜柚"商标，组建专业合作社，实行"统一包装、统一商标、统一定价、统一销售"，提升了蜜柚的市场影响力，提高了市场价格。此外，上金贝村还种植茶叶面积501亩，实施低产茶园改造，重点推广种植"金观音"等新优品种。发展多种经营，由村集体投资成立了上金贝农业开发有限公司，建立"公司+农户"模式，发展生产，抵御市场风险。村民通过发展森林人家、开发生态养蜂、兴办农家店等各种经营活动，增加经济收入。

畲族村寨风情园

依托民族村优势，以凸显民族特色、展示畲家魅力为目标，大力挖掘、整理民族文化，在提升内涵上下功夫，在整合优化上下功夫，在宣传推介上下功夫，由上金贝旅游开发公司运营，打造具有传统畲族特色、群众喜闻乐见的节目，形成"畲家寨"特

色旅游品牌。一是积极规划建设畲族风情街。风情街集畲族文化展示、畲族"农家乐"、畲族特色产品展销、畲家接待宾馆为一体，目前已完成外围景观改造。二是成立上金贝美食协会，着力打造畲家美食村。在使用地道食材、保持传统风味上，通过大力挖掘畲族传统特色美食，已推出"菅粽""乌米饭""畲家酒"等特色食品，深受外来游客青睐。三是展演畲族特色传统节目。举办畲族"三月三"歌会等活动，展演"畲族婚嫁""上刀山、下火海""起洪楼""竹竿舞"以及国家级首批非物质文化遗产"小说歌"等畲族特色传统节目，吸引了各地游客前来休闲观光、体验。

◀ 宁德市蕉城区上金贝村刺葡萄成荫

城镇生态休闲园

上金贝村因地制宜，充分发挥"省级生态村""市十大最美乡村"以及紧邻宁德市区等特殊优势，通过不断完善旅游配套设施、利用历史古迹、建设生态观光景点等措施，努力把上金贝村建设成为城市居民休闲度假的好去处，带动少数民族群众参与旅游产业，促进增收。结合村庄的立地条件，在村内建设集休闲、观赏于一体的景观湖，使其成为外地游客观赏和本地村民休闲场所。为美化村庄、推进旅游开发，解决南方地区绿色有余而彩色不足的问题，按照不同季节有花开的规划要求，在村庄空地和景点沿线，由省农科院挂点示范，引进各种珍贵果树和名贵花草，开发建设刺葡萄沟、荷花池、畲家百草园、樱花谷等系列农业观光园景点；以及开发林间步游道，修建休憩亭等，为上金贝村营造一个优美的生态环境。

上金贝古墓

上金贝古墓位于上金贝村南山上，距离村庄约600米，具有奇特的圈椅状主陵、拜亭，其舍利塔碑刻文字为"御赐金襕佛日圆明大师第三代沧海珠禅师"，陵体左右两侧有闭嘴龙雕刻，古墓顶莲花座则托着藏传佛教风格的火龙珠雕刻。有学者认为这里是建文帝陵寝，引发大量游客慕名前来参观、考察，推进了上金贝村旅游产业发展。

如今，上金贝村围绕"四园"建设目标，推进社会主义新农村示范村建设已初见成效。今后将继续加大"民族特色村寨"的

▶ 宁德市蕉城区上金贝古墓

建设力度，完善运行机制，深入挖掘古文化，推进景区深层次开发，加快发展休闲、生态旅游产业。

文化底蕴丰富的白露坑村

白露坑村位于福建省霞浦县溪南镇东北5公里处。全村由白露坑、半月里、牛胶岭等5个自然村组成，345户1 420人，其中畲族335户1 378人，占97%。白露坑村环境优美，文化底蕴丰富，尤以半月里村最为突出。

深厚的文化底蕴

半月里村位于溪南通往霞浦县城的古官道上（在溪南与水潮的中点上），地势平坦，兼有山海交通之便，历史上一度是富庶之乡。清康熙年间雷文寿从盐田长岗山迁入半月里后，衍发成族。其孙志茂聪颖好学，喜文学，好地理（风水术），得当时堪舆名师黄龙学真传，声名远播。雍正二年（1724）被当时任福宁州知州的张良弼（长安人、贡生）聘请为幕僚。雍正八年雷志茂除回村自建宅第外，还修建了雷氏宗祠和龙溪宫（村里五棵古榕亦为当时所植），并重视发展民族教育事业，激励子孙发奋攻读，从此雷姓子孙

◀ 福建宁德霞浦县溪南镇白露坑畲族村雷世儒宅

◀ 霞浦半月里村秀才故里

除务农经商外,还延师苦读,俨然书香门第。在短短的60多年间,半月里一村接连出了5个秀才,这在福宁府畲村中是唯一的。

半月里村雷世儒等人修建的三座宅第,至今仍然保存完好。深厚的文化底蕴也体现在雷氏宅第内的牌匾和木刻楹联。匾额有:清道光十三年(1833)冬,进士、福宁府知府李嗣邺为雷世儒祖母蓝氏五十寿赠送的"竹操松筠"匾,道光二十八年(1848)秋雷世儒为雷氏宗祠手书的"凤山衍庆"匾额。

传世文献丰富

生活于清末民初的钟学吉(1856—1924),是白露坑畲族近代文化的突出代表。钟学吉7岁入私塾就学,学业精良。在业师伯父钟廷吉的影响下,对畲族民歌产生了浓厚的兴趣。后来他结合教学,编写了大量畲族民歌,在闽浙畲乡广为传唱。他根据民间传说改编的叙事史诗《高辛氏》,被视作畲族"祖公歌"。他编写了大量的小说歌,特别是在他担任闽浙畲族团体福宁山民会馆董事期间,民歌创作达到了巅峰。他根据畲族秀才钟良弼的事迹编写成的长篇叙事诗《钟良弼》,在畲族民间文学史上有着划时代的意义。对直接配合、鼓舞当时闽浙畲族人民争取平等接受教育和参加科举考试权利,反对民族歧视、民族压迫有着特殊的效果。白露坑村还保存着许多贵重的历史民俗文物,如钟福崇家存有清代龙头杖、铜香炉、神主牌等珍贵文物。

白露坑村山清水秀,碧水环绕,山石多姿。畲族人民长期在这里生产生活,留下了丰富多彩的人文景观。主要有龙溪宫、双福桥、古民居、永庆寺、狮头洋宫、石母宫、水尾宫等。

霞浦半月里村龙溪宫

龙溪宫 位于半月里村前,清雍正八年(1730)建。坐北向南,占地面积508平方米,由戏台、环楼、众厅、神厅等组成。神厅悬山顶,抬梁、穿斗式木构架,面阔五间,进深四间。戏台上方以斗拱承托方形藻井。整座建筑由浙江工匠设计施工，颇具浙南风格。2005年5月公布为福建省文物保护单位。

双福桥 位于半月里村口，双福桥水库边，清同治十一年（1872）造，为雷世儒在其夫妻五十双寿时出资所建。石拱，全长12米，宽4.5米，拱跨5米，保存尚好。

古民居 半月里村内古代建筑比比皆是，其中保存完好的有三座古代豪宅。特别是雷世儒在道光年间花费80担银圆，历时3年才建成的大宅，占地1 300多平方米，高达10多米，大小房间38间，柱子126根，歇山顶，砖木结构，雕梁画栋，气势非凡，

霞浦半月里村古民居

牌匾楹联众多。雕刻绘画内容丰富，有表现学文习武的，有表现闲适生活的，亦有花草树木及鹿、鹤等吉祥物，栩栩如生，惟妙惟肖。雕刻手法细腻，构图巧妙，特别是镂空雕刻，层次丰富，空间感极强。图案纹饰有自由纹样、角隅纹样、二方连续、四方连续等。整个建筑布局错落有致，既讲究对称，又于对称之中追求变化，把建筑、绘画、雕刻以及诗文等多种艺术融为一体。身置其中，深感历史的厚重，深叹古代能工巧匠的聪明才智和高水准的民族文化底蕴。

永庆寺 位于半月里村西北800米处。始建于宋淳祐元年（1241），现存建筑清代风格明显。面阔五间，进深三间，重檐歇山顶，坐北朝南，占地2 800平方米。寺内存有宋代柱础、水

霞浦半月里村永庆寺

槽、水井，保存尚好。

狮头洋宫 位于白露坑村北端。始建于清代，建筑面积17平方米，砖木结构，四角翘檐宫，历史上因其山脉像双狮，故选其址，其神龛主祀雷万春、钟景期、南济文三尊泥塑神（据说，唐代雷万春为朝廷大将军，钟景期为状元，而南济文则是副将，三人结拜兄弟，后来被尊为神），为了光祖荣宗，怀念先辈功德，村民特选三月三畲族歌会作为三位神的庆诞节日。

石母宫 位于白露坑村南北端溪涧石路边。建于明代，已有400多年历史。现存宫宇系20世纪90年代重建，建筑面积25平方米，面阔3.6米，进深7米，为砖木结构，琉璃瓦当，神龛泥塑苏、江、严三尊神女以及二位侍女。宫后有两只相距80厘米凸显成馍馍形的石，高约60厘米，为椭圆，村民称"灵石"。在两石之间垒砌神龛，百余年来岁岁致祭，香火不断。为了点缀宫貌宫景，当年种植着一株榕树，枝繁叶茂，龙伞般衬托出古雅端庄。

水尾宫 位于白露坑南端。按当地风俗尊为村小神，煞住外来鬼怪入村，以保全村四时安泰，该宫建筑面积10平方米，为砖木结构，神龛主祀钟法贡师公、牛王世头、何家师公等三尊神，此神每年定初一、十五为进香日，若有瘟疫或火灾之情，则破例办福礼并请法师降童问卦，或搭云台之类祈祝消灾。

白露坑村蕴藏着丰厚的畲族文化遗产，于2004年5月被福建省宁德市人民政府命名为第一批"宁德市畲族文化重点村"。

人口最多的畲族村——富达村

富达村位于福建省古田县平湖镇10公里，唐乾符三年（876），该村蓝姓始祖蓝文卿把巨额家产全部捐给真觉禅师建雪峰寺，蓝文卿的长子蓝应潮从侯官（今闽侯县）骑白牛到富达定居，迄今有1 130年的历史了，富达是闽东现有的历史最久、人口最多的畲族村。蕴含着丰富的人文景观和自然景观。

◀ 古田县富达村局部

人文景观

蓝公府 位于富达村村口，祠堂始建于宋宝元元年（1038），清嘉庆年间（1796—1820）重修，占地面积514平方米。蓝公即富达先祖蓝文卿、蓝应潮父子，祠堂两侧的墙体上，有着长幅的壁画，这些壁画详细描述了当年富达村传说始祖的迁徙过程。

◀ 古田县富达村村口蓝公府

蓝氏石坊 竖立在富达村东1 000米处，建于清代乾隆年间，为表彰蓝氏家族贞女李娥姑而立。石坊为四柱三楼，造型淳厚严谨，楼盖下为石雕圣旨牌匾，镂空石雕着青龙飞凤，十分精致美观。圣旨两旁有阴刻对联一副：枫陛国恩洒，桐阶天宠源。两旁二楼嵌有两块石书，右边为：邑儒蓝一清妻李氏娥姑节孝坊，左边为：光绪十二年礼部尚书题奉旌奖。整座石坊保存十分完整。

福建宁德古田县平湖镇富达村富达蓝氏石牌坊

张氏节孝石 坊位于富达村洞50米处，清道光年间为表彰蓝文华妻张氏倩姑而立。石坊高5米，宽4.8米，四柱三门，中间大门宽各1.4米。皇帝赐祀圣旨镶在石坊上端正中央，上盖宝葫芦。圣旨下是楷书匾额：冰雪为心，四柱石刻对联为：松筠耐守千秋操，铁石长留万古铭；节历素帏蘐青珉而不朽，恩登丹柱标彤管以留芳。

祭祀始祖 每年农历正月初四是富达村的祭祖日，庆祝富达蓝姓始祖千秋寿诞，这是具有原始宗教韵味的祖先崇拜，场面热烈壮观。这天，全村人都起得很早，穿戴整齐，一吃过早饭，热心的男女族人不分老幼齐集蓝公府，其中四人肩扛"唐节度使""明护侯王""肃静""迴避"牌，锣鼓喧天，炮声震地，该村始祖文卿公、应潮公的神像由众人抬着，在"八仙"（戏班化装）和族人及亲友的陪同下，游览村庄与田园，所到之处，各家各户都在门前供桌摆各种果品，点燃香烛，燃放鞭炮，喜庆始祖寿诞，祈求祖宗保佑风调雨顺，合境平安。而后将始祖供奉于祖祠内，接受族人的朝拜与祭祀，并请来"闽剧团"演戏三至六日，此间亲友及四面八方游客云集富达观光，人山人海、热闹非凡，直至正月十五日文卿公、应潮公神像从祠堂抬回蓝公府内，活动方告结束。

雪峰寺祭祖 每年农历九月十五日雪峰祭祖，声势浩大，几百人吃住在雪峰寺，祭祖活动热烈隆重。

▸ 富达古民居

民俗景观

踏青对歌 以歌声表述获取好收成的美好愿望和向往幸福生活的理想追求，与其他畲村不同的是，由于富达村历史悠久，历来重视教育，民族融合比其他畲村先进一步，故他们采用的是古田方言盘歌，这是该村最独特的。

祈雨 每逢遇到特大干旱时，富达村畲民们往往会前往福州雪峰崇圣寺祈雨。富达村的祈雨是全县闻名的，甚至连古田到雪峰寺沿途各地没有人不知道。传说应潮公定居富达后，与雪峰寺来往频繁，当真觉禅师得知富达地方虽好，但缺水，就告诉应潮公，每逢大旱年到雪峰祈雨，寺院长老必大力支持，有求必应。从那时起，只要富达逢大旱，必到雪峰祈雨，都祈来倾盆大雨，因此得到附近村庄和往返路上群众的大力支持。

富达村蕴藏着丰厚的畲族文化遗产，于2006年9月被福建省宁德市人民政府命名为第二批"宁德市畲族文化重点村"。

历史文化名村——凤洋村

凤洋村位于福建省福安市康厝畲族乡东北5公里处。凤洋村在物质文化遗产方面有较为丰富的遗存，这里有较多的清代畲族古民居和畲族文物，保存有数十座清代的古民居，还有清代的祠

福安凤洋村全景

堂宫庙,以及清代的雕刻、联板和花样各异的祭桌,古字画、歌本、婚礼上穿戴的凤冠和传统生活生产用具等。

遗址遗迹

"孩儿撑伞"式古民居 "孩儿撑伞"的土木结构古民居,是畲族特有的早期民居建筑,创建时代不详,是宁德市畲族民居建筑发展史上重要而影响深远的代表性建筑。整个房子坐北朝南,土木结构,悬山顶,高4.9米,宽6.44米,深6.44米。占地面积41.5平方米。房子以四周墙体和屋子中间唯一的一根顶梁柱共同支撑屋架与屋面,上覆瓦片,就此而成。门开南面墙与东面山墙交接处。房屋内正中仅立一根柱子(俗称"顶梁柱")通过"老鼠桁"(实为横杠梁)和脊檩与四面墙体支撑整个屋盖。顶梁柱为整个屋架中心的受力点,它与东西侧山墙支撑脊檩;与前后墙体支撑两根"老鼠桁";再由"老鼠桁"与东西两侧山墙支撑整个屋架檩条。脊檩与"老鼠桁"平面成"十"字形,与四面墙体刚好构成"田"字,似乎预示着当时畲族先民对拥有耕田的渴望。顶梁柱离地2米处与面墙高度相平处,上下四面均穿插有扁形枋,与四周墙体相连,枋头插入四面墙中,成稳固顶梁柱支架。由于整个房子低矮窄小,梁架结构又酷似雨伞骨架,真正起到遮风避雨,故被形象称为"孩儿撑伞"。

古井 位于凤洋村村口。造于清嘉庆年间（1796—1820），呈长方形，长1.2米，宽1.05米。井栏用青条石压边，井壁用石块砌筑，水面离地较浅，可直接打水，至今村民仍在饮用。另一口水井于元至元三年（1337）仲春造，清光绪二十七年（1901）菊月重造。花岗石构，圆口径，直径为0.55米。现井已干枯，无水且被杂物堆填，仅井面保存较好。

◀ 福安凤洋村村口古井

林公大王宫 位于凤洋村村口。建于清道光九年（1829），1980年重修时该土墙为砖墙，整座宫由戏楼、天井和两廊、主殿组成，建筑面积约260平方米。该宫坐北朝南，依祠堂建筑规制排列修建。以坡地之势自低而高。宫戏楼正面墙中间设置双开大门，门内过道至戏台，戏台中间台板1.5米左右按传统做法做成活动翻板，供村内迎神祈福等重大事件时开启做通道使用，以示尊贵敬重。戏楼面阔五间，进深三间，正间设戏台，左右两侧梢间用作戏房。戏台屋檐设拱挑檩出檐并施垂檐柱，以作装饰。自天井南边阶上下主殿。殿面阔五间，进深五柱。屋面与戏楼一样，悬山顶鹊尾脊，穿斗式减柱木构架。厅堂明、次间通透，空间宽阔敞亮；檐下用连续三跳插拱承托出檐，明间内侧依墙设置神台，上供有林公大王、陈靖姑、土主等塑像。

钟氏宗祠 位于凤洋村村中。建于1947年，2002年维修。整座祠堂由戏楼、天井、祖堂组成。坐北朝南，占地面积321.28平方米。砖木结构，悬山顶。戏楼面阔五间，进深三柱。台前天井

◀ 福安凤洋村钟氏宗祠

至七级台阶上祖堂，两侧为通廊，上覆双坡顶，七架梁。祖堂面阔五间，进深四间带后寝室。祖堂内壁与两侧梢间均设橱式神龛排列祖宗龙牌。明间设藻井，明、次间梁坊均饰彩绘，祖堂屋檐

与楣梁间悬挂牌匾一方，中间为行书"光前裕后"。

革命遗迹 在土地革命时期，这里有不少的畲民参加了革命活动，是闽东早期畲族革命发源地之一。该村著名的畲族革命代表人物钟阿尕，1931年加入中国共产党，出任过中共宁寿县县委委员，面对国民党当局制造的"白色恐怖"，他坚守革命阵地，继续发动组建革命武装，表现出对革命的无限赤诚，新中国成立后历任凤洋大队党支部书记、乡支部委员以及乡（公社）、县人民代表。现仍有几处当年红军活动的岩洞、房屋，至今保存完好，是体现畲族革命历史的重要史迹，革命精神在这里影响深远。

福安凤洋村红军洞

畲族文化站

1955年11月该村设立闽东地区第一个畲族文化站，至今仍保持着吸收畲族传统文化和传播先进文化的习惯，是凤洋村农技知识传播和节日举办歌会的根据地，该站藏图书从原来不足百册增至千余册，收录了畲族人民在生产、生活过程中各种活动的盘歌文字资料近50万字，并写成册供大家翻阅交流学唱，对挖掘保护畲族传统的民俗习惯和文化传承起着很大的作用，在这里还举办了好几届畲族歌会。1984年由该村文化站发起的首届农历正月十一庙会对歌会，吸引了众多临近的畲村畲民参加，特别是1989年农历八月十五第二届歌会参加人数达1万多人，影响深远，为挖掘和发扬福安畲族传统盘歌文化起到了积极促进作用。

凤洋村蕴藏着丰厚的畲族文化遗产，于2006年9月被福建省宁德市人民政府命名为第二批"宁德市畲族文化重点村"。

古色古香的林岭村

林岭村位于福建省福安市坂中畲族乡，坐落在离坂中乡政

福安林岭村局部

府驻地南面4公里的山坳中,有着丰富的人文景观和历史文化遗产。

历史遗产

炮楼式民居 位于林岭村中,始建于民国初期,整座房子平面如"品"字形,为土木结构房子。主座房子坐西朝东,占地面积619平方米,悬山顶,穿斗木构架,面阔五间带左右通道,进深七间出前廊,设前后天井。主房处在中间位置,前檐天井两侧各立一座炮楼房子。炮楼房子外侧墙体与主房两侧山墙相连,但其又属于独体建筑。三层、四面坡、五脊顶,四面土墙围筑。门开内侧,分设门于一、二层,与主房相通。炮楼平面为四边形,长、宽各5.5米,墙厚0.45米,高9米,占地面积30.25平方米。右边炮楼内一层北面依墙设楼梯通二楼,二楼楼梯设在西面墙边通三楼。楼层以杉木穿插两侧墙体内支撑楼板。各层均设有枪眼和瞭望孔,面向路口处墙体留有多处弹痕。

古烽火台遗址 位于林岭村岭头山顶,遗址面积约200平方米。据《福宁府志》载:建于明初,以防寇盗。墩方形,高3.4米,宽约12米,长约17米,用大石块(花岗岩)砌筑。毁坏严重,大部分被泥土和杂草掩盖。经挖掘发现有厚重瓦片,推测当时烟墩旁建有房屋,供守卫人员住宿。据考证,烟墩之处筑有土堡、烽火台以自卫。

福安林岭村炮楼式民居

福安林岭村古烽火台遗址

福安林岭村廉岭亭

廉岭亭 位于林岭村半山腰的廉岭道上。建于清同治九年（1870），1984年建为房屋样式路心亭。单体土木结构，双坡顶，抬梁式木构架，两侧马鞍形山墙高过屋面。占地面积32平方米，亭深阔一间，四柱、五架梁。亭深为5.82米，宽5.47米，高5米，设两个门。岭道从亭中穿过，亭内路边两侧山墙底部依墙筑有三合土座台，供行人憩坐；内侧墙体中部掏挖置设方形神龛，龛额墙表灰塑牌楼式墙头；梁上有黑书，记载建亭年代及时辰；亭内有建亭以来各种文字资料，反映不同历史时期的痕迹。

西山保障宫 位于林岭村旁山坡上。内构件为清代建筑风格，坐西北向东南，占地面积为82.34平方米，砖木结构。悬山顶，鹊尾脊，大门双开，大门宽1.35米，高2米，门顶置设双面坡雨盖。门额上灰塑横匾，中间灰塑"西山保障"四字。大门内设甬道连三级台阶上主殿，甬道左边为小天井，主殿穿斗抬梁式屋架，五架梁。内墙壁设神台，上供有神像。宫面阔6米，进深14.7米，为林岭村村民祈福保安神祇之处。

雷氏宗祠 位于林岭下村与上村相近的路边。始建于民国二十五年（1936）。坐南朝北，为砖木结构。悬山顶，设腰檐，主脊饰做三段迭落式，鹊尾脊。穿斗、抬梁式木构架。整座祠堂由祖堂、天井、戏楼、祠堂坪组成，建筑面积369.8平方米。祖堂面阔五间四柱，进深三间四柱，明间内侧与两侧次间均设橱式神龛，明间顶棚设藻井饰以彩饰。祖堂前廊台明中间铺设九级踏跺至戏楼戏台沿下，左边为天井。戏台两侧建观戏楼，下为通道。该祠堂雷姓是较早迁入福安的一支雷姓家族，已有分支迁往霞浦、福鼎、柘荣等地。

林岭古道 位于福安市区西北阳尾对岸处，为古时福安通往西部地区的陆上主要交通要道。林岭道路两旁当时古松茂密，苍劲奇特，为韩阳十景之一——林岭

◀ 林岭土地庙

松涛。古道连接许多畲族村庄，成为畲族村民前往县城之路。该古道东起阳尾码头，西至福安重要产粮区溪北洋，全长18公里，路宽1~1.5米，主要为块石铺砌。古道最高处留有烽火台遗址。

民俗风情

林岭村是坂中乡畲族人口高度集中的行政村，民风古朴而民族特色浓厚。几百年来，畲族的风俗习惯保存相当完好，"正月十五""三月三""九月九"等传统节日保持着浓厚的民族习俗，戴凤冠坐花轿的婚嫁仪式更是热热闹闹，体现着畲族这份文化遗产的永久不衰和美丽。该村每年正月十五保留着奔放刚劲的奶娘踩罡的畲族传统巫舞。奶娘踩罡是畲族祭祀巫舞中的一个中心舞段，跳出了畲族人民保持着对神灵的殷诚和祈盼全年幸福安康的心愿，更体现了畲族生活劳动的一种民俗风情和精神面貌。

林岭村蕴藏着丰厚的畲族文化遗产，于2006年9月被福建省宁德市人民政府命名为第二批"宁德市畲族文化重点村"。

第七章
畲乡名胜

畲乡有着丰富而具有民族特色的旅游资源，分为山水村寨和民族风情两大类。秀雅明丽的畲寨山水和质朴率真的畲家风情吸引着越来越多都市的现代人。

凤凰山

凤凰山位于广东省潮州市北30多公里处，是畲族发祥地之一。境内群峰竞秀，万壑争流。主峰凤鸟髻海拔1 497.8米，是潮汕地区第一高峰。以峭拔雄伟的山色、奇香卓绝的凤凰茶和绚烂多彩的畲寨风情传名于世。

凤鸟髻总面积30平方公里，林木遮天蔽日。有陆栖脊椎动物225种，其中珍稀濒危野生动物34种；有野生维管植物1 281种，其中珍稀濒危野生植物20多种，是潮汕地区首屈一指的动植物"物种宝库"。

广东潮州
凤凰山

乌崠山是凤凰山的第二高峰，海拔1 391米。乌崠山顶峰西侧的天池是凤凰山风景区中最迷人的一处。天池是由古火山口形成的，面积约4万平方米，常年泉水喷涌。池中繁殖着稀世奇珍四脚鱼，还有软壳石螺及各种蛙类和高山蝶类。夏日，山上凉爽如秋，天池碧波荡漾；冬天，池水冰冷透骨，严寒时水面还有数寸厚冰，有时山上还纷纷扬扬飘洒着雪花，颇有北方冬天的景色，是粤东奇景。乌崠山上有很多石景，形状独特的奇岩怪石，令人目不暇接，浮想联翩。在距天池约1公里的主峰北坡上，有一天然岩洞，洞口酷似一眼古井。乌崠山上有近千亩天然牧场，还有满山遍野的杜鹃花和高山灌木。

凤凰山是我国著名的产茶区之一，茶场有2万多亩，最出名的品种凤凰单丛被评为全国32种名茶之一。凤凰山有一片古茶林，存3 000多株200至400年茶龄的古茶树（其中"宋种"茶王茶龄有三四百年），是独特的旅游景观。

◀ 宋茶

美丽的凤凰山是畲族的发源地之一。传说，上古时代，忠勇王带着高辛帝的三公主来到凤凰山落户，开创了畲族一宗。

敕木山

敕木山位于浙江省景宁县城东南5公里。属洞宫山脉，海拔1 519米，面积约52平方公里，主要由火山岩构成。

敕木山常年云雾缭绕，气候宜人，景色秀丽，为旧时"景宁八景"之一。每当烟雨如织的暮春时节，山色如洗，云雾随风飘动，山峰忽隐忽现，登临绝顶，则烟雾随襟，有如置身白云之中，俯瞰远处，景色历历在目。有敕峦雾雪、石乳洞、石井、石龛、小石碣等胜迹。主峰，隆冬积雪，经月不化，登临远眺，四野冰封雪裹，如同置身北国。由敕峦东侧石壁间蹑足下行二三百步，有悬崖如垂乳，中有洞穴，即石乳洞。有乾隆年间（1736—1795）崖刻，记海宁曹汉文造石井事，计20余字。井旁有石龛，高3米，宽6米，深进6米。柱雕龙，额凿

◀ 敕木山

敕木山畲族村

字，中塑仙女汤妙玄坐像。相传宋高宗偏安临安时，邑中有汤氏夫人"显厥灵异，运木于朝，以资国用。高宗大喜，降敕褒封，故名敕木山"。石龛旁有康熙二十九年（1690）所立石碣一方。山侧有惠明寺，为浙江金奖惠明茶产地。

敕木山村为畲族最早迁入浙江的村庄之一，1929年德国学者史图博和他的中国学生李化民到此地调查，写下《浙江景宁敕木山畲民调查记》。

封金山

位于距县城7公里的金丘村，是南宋畲民迁来浙江省景宁的聚居地，是蓝姓畲民入浙的最早发祥地。因当年垦地掘得黄金数斤，故被冠以畲族传说中的"桃花源"——封金山。畲族风情蕴藏丰富，婚俗演绎活泼风趣，畲族文物保留众多，还有斜瀑、石矶、仙凡隔神牛石、升仙台、观音送子、石林、奇峡瀑布、溪流石矶和怪石等景观。著名画家吴山明先生曾欣然题款："封金山。"

封金山风景区

五通庙

五通庙，又名"王爷庙""广平尊王庙"，位于福建省云霄县城北漳江右岸的西林村，距城4公里。《云霄厅志》云："和邑志：查此庙石柱镌有盘、蓝、雷氏捐舍字样……庙柱为蛮所舍，则建庙必在开屯之先，云霄宫庙惟此最古。"据此可考证为土著"蛮獠"所建，可见当年此地已形成畲族村落。清同治年间被毁，后重建，庙占地2 000平方米，建筑面积700平方米，分前后两殿，抬梁式歇山顶，屋檐低垂，殿堂梁架交错，"四石六木"质的点金柱承梁贯顶。四周墙面有十余根浮柱，连结雕楣画梁及斗拱，承撑厚重宽长的屋顶，形制十分独特。

相传"五通神"系祀射九日的畲家五兄弟，其中五弟功劳最大，三只眼，头戴王冠，居中位。

◀ 五通庙

蓝理牌楼

蓝理牌楼位于福建省漳州市华东路岳口街头，牌楼高10米，为三间五楼十二柱式。正楼四坡顶，顶部檐下正中置镂雕一龙衔顶、双龙盘边、祥云托底的竖匾，楼匾为清康熙皇帝御书，曰："勇壮简易""所向无前"。楼匾以下，用梁枋隔为三层：中层两边各雕一站立人物，中间阴刻楷书

◀ "所向无前"蓝理牌楼

诰布；上下层各嵌三块雕有抚琴、游园、出行等图的镂空双面雕花板。再下是大阑额，其上浮雕张口双龙和云纹。正楼两侧是各为两层的边楼，各楼均设四根小柱支撑三面出檐的楼盖，柱间俱嵌有镂雕花板。牌坊的石雕装饰，分别用阴刻、线刻、浮雕、镂雕、双面雕等不同手法雕刻有花、鸟、人、兽等，有写实，有夸张，有工整，有奔放，各展风采，形象生动。不仅具有南方细腻繁缛的品位，而且融进北方粗犷刚毅的气派，体现了漳州传统艺术保存浓厚中原文化色彩与大胆吸收外来文化的特点。

太姥山

  太姥山位于福建省福鼎市境内。相传尧时老母种兰于山中，逢道士而羽化仙去，故名"太母"，后又改称"太姥"。

  太姥山峦岭交错，谷深壁陡，洞穴遍布，云雾缭绕。山上多奇花异树，如空谷兰、云雾草、感触树、相思林、五色杜鹃、绿雪芽茶等，更为山景增色。

  整个风景区面积为92平方公里，分为太姥山岳、九鲤溪瀑、晴川海滨、桑园翠湖、福瑶列岛5大景区，还有冷城古堡、瑞云寺两处独立景点。拥有山峻、石奇、洞异、溪秀、瀑急等众多自然景观，以及古刹、碑刻等丰富人文景观。

  太姥山在唐宋时已十分兴盛，山南山北有36座寺院，其中以国兴、瑞云、灵峰、芭蕉、天王等寺规模最大。今国兴寺的遗址上尚存石柱360根，寺前有楞伽宝塔和石池，可见当时之规模。

太姥山

玉湖庵为宋理学家朱熹草堂，璇玑洞为朱熹隐居之所，山中还有历代名人摩崖石刻"天下第一山""山海大观""道仙佛地"等几十处。1988年，被国务院批准列入第二批国家级风景名胜区名单。

◀ 太姥山

太姥山下有畲村，明代谢肇淛《太姥山志》记载畲民烧山开荒的生产习俗。畲村相互传太姥为蓝母，爱种菁，后羽化成仙。

观音亭寨

观音亭寨位于福建省霞浦县水门畲族乡半岭畲族村，始建于明洪武二年（1369）。最初旨在方便各文人商贾途中休息，随后亦作为信众朝拜观音之用。明嘉靖三十三年（1554），秀水进士钟一元赴任福宁知州，途经观音亭寨，见大部分宗人在亭内烧香，感慨系之曰：此境不凡，尔等拟在正月十五多邀族人在此相

◀ 霞浦县畲族观音亭寨

第七章 畲乡名胜 155

观音亭

聚,以歌认亲会友。遂渐次演变为闽浙边境畲民进香、盘歌、认亲会友等民俗活动的场所。观音亭寨迄今尚保存有15方明清碑刻和一座寨堡、城门及清初观音殿、寻梦台、摩崖石刻等文物。

寨堡地处观音亭东外墙,步入斜坡下鹅卵石,被无数脚板打磨过的石阶路面闪着古瓷般的光滑,垂目下俯,一座突出的寨堡依山而建,蜿蜒寨墙现有全长148米,高5.4米。除城门块石干砌外,其城墙为就地取材乱毛石干砌,沿东城门至南墙有一方形敌楼。往东而下通津石阶路中,屹立一座仿宋代悬臂式条石干砌圆形城门,悬崖突现寨堡,颇为壮观。门额阴刻楷书,书写"观音亭寨",字方60厘米,落款清同治四年里人书。寨堡四周怪石突兀,翠竹相拥,情景交融。据说旧时寨堡从东城门至南有200余米,两处敌楼,城体高6米有余。由于岁月沧桑,年久失修,其上墙垛早年已坍塌,同时也摧毁部分墙体。

堡内有一观音亭,位于城门上方18米处,始建于明洪武二年(1369),占地1 300平方米,分前后两座,依山凿岩建殿。前座"文革"毁后畲民重建,建筑面积640平方米,硬山顶石木结构,面阔三开间,进深二开间,左右两庑。

沿殿东北向九曲岑拾级而上便进入另一道教禅地,视野开阔,环境静谧,翠绿覆盖,是近年新建的寻梦亭。

山民会馆

山民会馆位于福建省霞浦县松城街道旗下街3号，建于清光绪二十五年（1899）。从南至北中轴线上依次由山门、天井、拜厅、过道、客厅等组成。主体建筑拜厅面阔五间，进深七柱，望顶为八角藻井，厅两旁连同楼上共23间房，多作客房用。金柱上悬挂联板："功建前朝帝誉高辛亲敕赐名　垂后裔皇孙王子免差徭"；两侧壁间，书写楷字"盘蓝雷钟李吴"。厅前穿枋正中雕刻梅瓶、花卉图案，具有独特的畲族风格。

山民会馆专门接待畲族宗人，并在厅堂设神牌，偶有祭祀活动。宗人纷纷要求加入会馆，至民国五年（1916），有霞浦、福

福建宁德霞浦县山民会馆全景

安、宁德、福鼎、寿宁、罗源、连江、闽侯、泰顺、平阳等10县，蓝、钟、雷、李、吴诸姓2 000余人（户），先后成为会员。

山民会馆是全国唯一跨省、跨地区的畲族公益团体，也是闽、浙、赣畲族民众联合组建的社会公益组织，兼备公所、祠堂、旅舍、活动中心等等多种性质，具有联谊、接待、集会、祭祀、议事、讼诉、咨询、救济等等多种职能。会馆还是优秀畲歌荟萃与流传的重要场所，董事之一的钟学吉，利用会馆提供的客

观条件，收集素材，编写歌本，有畲族"歌王"之誉。爱歌成风的畲族人，住馆期间，亦以歌为乐，大量转抄，致使畲歌小说歌在闽东、浙南等畲区广为流传。山民会馆对研究畲族历史文化和社会发展都具有重要意义。

白云山

白云山位于福建省福安市西北部，因白云缠绕而得名，是国家级风景名胜区。海拔1 448.7米，是福安最高峰。山的西南坡较平缓，是国营蟾溪林场主产区。东北坡险峻，峭壁林立，山脊如削，山上怪石嶙峋，有"猴走石山""石虎归山""石鸡欲鸣""仙人棋盘""三角仙井""仙盒"等自然景点。

白云山

白云山后峰西坡有始建于明正德四年（1509）的"冷水寺"，后毁，1987年重建，寺前有"天池"，盛产午时莲。该莲十分奇特，每日午时伸出水面开花，花开时噼啪有声，花呈白色。白云山气候独特，除千变万化的云海奇观时常可见外，在仙顶峰还可看到罕见的"佛光"。山中气温低于外界6℃~8℃，是旅游避暑的好去处。以白云山为中心，周围有鲤鱼溪、八仙过海、九龙洞、锁泉寺、太后公厅、五显大帝宫、冰臼群等景点。景区中常有猕猴出没，"九龙洞"处有一条二级瀑布，落差80来米，瀑布穿潭入石。

白云山区分布着许多畲族村寨，每年农历六月初一进香节，畲汉群众数百成千登山观日，畲族青年男女还举行歌会，盘诗对歌。

钟氏神牌供奉祠堂

钟氏神牌供奉祠堂位于福建省福安市坂中畲族乡大林村内。大林村是闽东钟姓畲族的发祥地。据坂中和庵畲村《钟氏宗谱》的记载,早在唐五代之时钟姓畲族就从汀州上杭迁入韩阳坂,其后裔于北宋大观四年(1110)再迁往大林村;此后钟姓畲族又从这里向各地播迁落籍,今天闽东钟姓畲族大都认定自己是"大林钟"的传人。

祠堂始建于清朝康熙五十五年(1716),光绪八年(1882)重建。土木结构,悬山顶穿斗减柱结构,共两进。一进戏楼,二进大厅,进深30米,面阔15米,占地约500平方米。正殿是一个

◀ 福建宁德福安坂中畲族乡大林村钟氏神牌供奉祠堂

"四扇"大厅。十多米高的大梁上悬挂着一面巨大的匾额,上书"颍川世泽"四个大字,金光闪闪。厅内的楹联极富畲族文化韵味,写出了大林人对民族始祖为国建功立业的无比崇敬,对钟姓先祖艰苦创业、繁衍发族的深切缅怀,对远在河南的祖籍地的拳拳眷恋,对客居地韩阳仙岫山的倾心热爱。其中有一副是:"颍水长清,念先泽流传又分支派;仙山拱秀,顾后人继起同此峥嵘。"无论是内容还是形式,都堪称上乘。

最富有文物价值的是陈列在正殿祖龛上面的"龙牌"(祖

牌）。这些龙牌分上中下3排陈列，每一面代表一位先祖，从唐代大林村的肇基始祖一直到清朝光绪十一年（1885）的第十一世祖先，400多面龙牌组成一个强大的阵容，向世人昭示"大林钟"氏族的光荣与骄傲。假如撇开附丽于祖龛上的宗法外衣，这里其实就是一座木雕艺术的殿堂。这些龙牌的造型大体上都很相似，每一面都分成上下两部分，做工都极精细。上部是木牌，木牌上方雕刻着衔珠翘须的龙头，两侧镂刻双龙或者双凤；中间是表明祖先名分的宋体阳文字刻，底池为宝蓝色。下部是托座，雕有围栏、吊柱、流苏，镶嵌着云头、花卉、寿字等图案。正中央的一面是"大林钟"支派始祖的龙牌，高达1.3米，宽有0.5米，是龙牌方阵的"一号首长"。其余的大体上都是高0.8米，宽0.3米。

所有龙牌的纹饰、刻字都髹以金色，精致至极，富丽至极，具有较高的史料价值和艺术价值，是研究福安市畲族分布、迁徙、繁衍以及民族文化的珍贵实物资料。

中华畲族宫

中华畲族宫位于福建省宁德市金涵畲族乡亭坪畲族村，距离市中心3公里。这里风景宜人，整个建筑群取汉代风格，展现畲族特色，包括汉阙门、龙首师杖、月亮池、祭祖坛、礼仪台、忠

中华畲族宫门口

勇王殿、高辛帝阁及畲族历史博物馆。

主殿"忠勇王殿"面积656.6平方米，高13.2米，屋顶"挑角""飞檐"体同飞龙，殿前6根玄武岩廊柱雕刻有畲族农耕艺术图案，雄伟庄严；殿内忠勇王、三公主坐像，用珍贵红豆杉雕成，富丽堂皇；礼仪台占地2 200平方米，由花岗岩火板铺面，古朴凝重；汉阙大门突出汉代风格，庄严肃穆。宫门口广场及高耸的龙首师杖，凝结着畲族人民对忠勇王至高无上的崇敬；祭祖坛，用于再现古老的祭祖仪式；忠勇王殿内装修、大门口辟邪石雕，都体现了浓郁的畲族风情特色。

宁德市中华畲族宫广场的"龙首师杖"雕塑

文物馆建筑面积1 200平方米，根据建筑物实际情况，设前言厅、历史厅、风情厅和现代厅等四个厅，面向全省、全国征集畲族文物，全面展示畲族传统文化，具备展示、研究、信息和教育功能。

中华畲族宫自修建以来，先后接待了李鹏、田纪云、布赫等中央及省部级领导和国内外来宾、知名人士和国内外游客，成功举办了"中国·闽东畲族民俗文化艺术节"和"面向21世纪畲族社区研讨会"等多次全国、全省、全市性的大型活动，得到畲族分布的有关省、市的认同，获得很好社会效益，被列为"中国民俗旅游福建专线"。

第八章
名人逸事

畲族在长期的革命斗争中，涌现出许多杰出的人物。畲族定居后，对家族的耕读文化非常重视，设立私塾，延师授课，培养本民族的知识分子，英才辈出。

驱魔大将军雷万春

雷万春（701—757），清源郡田庄村（今福建省莆田市东峤镇田庄村）人，唐朝儒家名将，经其弟雷海青推荐于河南节度使张巡麾下，官拜郎将，天生智勇兼备，博通群书，骁勇善战。

755年安史之乱，张巡起兵讨伐燕军，围攻雍丘数月。张巡派雷万春登城跟叛将令狐潮对话，话还没说完，燕军突发弩箭，雷将军面中6矢，血流满面仍屹立不摇，其刚毅无与伦比，叛将惊叹其神勇。

雷万春

十月，令狐潮增兵数万再攻雍丘，张巡命雷万春出城迎战，大破燕军，令狐潮逃走。十二月，令狐潮再增援数万大军，仗势逼近雍丘，张巡放弃雍丘，退守睢阳郡，与许远会合，严阵以待，大破燕军，贼兵南下受阻于睢阳，不能直下江淮。

至德二年（757）五月，燕军将领尹子奇领兵数十万再向睢阳郡发动猛烈攻击，数月屡攻不下。燕军就地扎营，切断城外支援，邻郡官吏拥兵自危，坐视不救，睢阳郡遂成一座孤城。将士只剩千百人，城内粮尽，掘鼠罗雀以食，军将都饿得骨瘦如柴，羸瘦患病，无法出击作战，明知必死，终无叛志。城陷，雷万春与主帅张巡同殉难。还有张忭、姚訚、南霁云等将36人，亦同殉烈于至德二年十月。

雷万春以其英勇功绩被追褒为"威烈忠靖侯"，后人以供奉雷王爷为"雷霆驱魔大将军"膜拜。台湾民间信仰则封号为"三田都千岁""雷府千岁"。

戏神雷海青

雷海青（716—755），清源郡田庄村（今福建省莆田市东峤镇田庄村）人，是唐玄宗时的著名宫廷乐师，善弹琵琶。代表作品有《引梅敬酒歌》，安史之乱中殉国就义。据《明皇杂录补遗》记载：安史之乱，安禄山攻入长安，数百名梨园弟子皆为俘，海青不愿为叛军演奏，便称病不去，被安禄山派人强押到场。这些梨园弟子相对而泣，曲不成调，令安禄山大怒。一日，安禄山在长安西内苑重天门北凝碧池举行大宴，命梨园弟子奏曲作乐，言有泪者当斩。雷海青忍耐不住，对着安禄山，举着琵琶，奋力往地上一摔，琵琶被砸得粉碎，然后面西放声大哭，安禄山暴跳如雷，下令将雷海青在试马殿前肢解示众。

◀ 雷海青

王维闻雷海青死难之事后，很是感动，赋一首七绝："万户伤心生野烟，百官何日再朝天。秋槐叶落空宫里，凝碧池头奏管弦。"安史之乱后，唐肃宗赠封死难大臣，其中就有乐师雷海青。

巾帼英雄许夫人

许夫人（1252—1282），姓陈名淑桢，福建省莆田市人，闽广招抚使、参知政事陈文龙之女，因嫁给许汉青为妻，故俗称"许夫人"。元初畲民起义女英雄，福建农民起义军女首领。1278年联合建宁（今福建省建宁县）人黄华起义。时元军已进入福建，抗元将领张世杰转战至闽西南，在许夫人的大力支持下，讨伐降元将领蒲寿庚及元军，曾屡次获胜。至1280年，又有陈桂龙、陈吊眼等在漳州起义，为元军镇压，退至畲洞与许夫人联合。1282年，黄华再次起义，又得到她的支持。

◀ 许夫人

许夫人所领导的畲民起义遍及漳、泉二州及邵武（位闽西北泰宁县西北)、建宁(今福建省建宁县，位泰宁县西南)等各地山寨。

园林大家样式雷

样式雷祖籍江西省永修县，清代雷氏为建筑世家，负责主持皇家建筑设计，因长期掌管样式房而得名。雷氏家族历代样式房掌有雷发达（1619—1693）、雷金玉（1659—1729）、雷声澂（1729—1792）、雷家玺（1764—1825）、雷景修（1803—1866）、雷思起（1826—1876）、雷廷昌（1845—1907）。

雷景修

"样式雷"建筑世家经过八代人的智慧和汗水，留下了众多伟大的古建筑作品，也为中国乃至世界留下了一笔宝贵的财富。"样式雷"的作品非常多，包括故宫、北海、中海、南海、圆明园、万春园、颐和园、景山、天坛、清东陵、清西陵等。这其中有宫殿、园林、坛庙、陵寝，也有京城大量的衙署、王府、私宅以及御道、河堤，还有彩画、瓷砖、珐琅、景泰蓝等。此外，还有承德避暑山庄、杭州的行宫等著名皇家建筑。

八国联军入侵时，北京城和城内外各类皇家建筑再度遭到破坏，雷廷昌及雷献彩主持了大规模修复、重建工程，如北京正阳

"样式雷"模型

门及箭楼等城楼、大高玄殿、中南海等。雷家为中国古代建筑做出了巨大贡献，2007年，清代"样式雷"建筑图档入选联合国教科文组织的世界记忆名录。

戍台壮士蓝理

▲
蓝理像

蓝理（1649—1720），清著名将领，字义甫，号义山，福建省漳浦县石椅村（今漳浦县赤岭畲族乡石椅畲族村）人。清康熙年间随施琅征台，屡立战功。历任河北宣化府总兵、天津总兵、福建陆路提督及天津镇守。康熙五十六年（1717），新疆准噶尔部策妄

◀ 漳州市蓝理牌坊

阿拉布坦进兵西藏，朝廷命蓝理军派兵征讨。康熙五十八年（1719），准部兵败，西藏平定。蓝理以军功卓著，康熙特赐御书："所向无前""勇壮简易"，于康熙四十六年（1707），在漳州府城立坊表彰。蓝理牌坊今存漳州市芗城区新华东路岳口街头，系国家级文物保护单位。

文史家雷廷珍

雷廷珍（1854—1903），字玉峰，清朝贵州省绥阳县人。清光绪十四年（1888）举人，精通经史。

当时贵州学政严修叹为"不意于黔中乃见大儒"。清光绪二十一年（1895），严修开设贵州官书局（资善堂书局），雷廷珍为董事并主持工作，首开贵州官府印行图书之例，且成为贵州省传

雷廷珍

播西方自然科学和资产阶级维新思想的一个场所。光绪二十三年（1897），严修将学古书院改为贵州经世学堂，又聘雷廷珍为山长。雷廷珍拟订了学堂章程，经严修修改后订为《肄业条约》，雷廷珍主讲经史。姚华、任可澄、周恭寿等都是他的学生。后来到兴义笔山书院任教，造就了大批人才。三十一年（1905）王文华等13位笔山书院学生到贵阳考贵州公立中学时，不但全部录取，而且全部名列前茅，使教育界大受震动。湖广总督张之洞迭请雷廷珍赴武汉执掌两湖书院，刘显世、刘显潜护送他北上，至重庆渝中病故，临葬绥阳。著有《经义正衡》《文字正衡》《时学正衡》《声韵旁通》《经说》等。

畲歌王钟学吉

钟学吉（1856—1924），福建省霞浦县溪南白露坑村人。平生编写、创作了大量畲族叙事诗，获誉畲族"歌王"，时称"有山哈（畲民）处，就有钟学吉之歌"，部分作品被《中国大百科全书》《中国文学》等收录；又倡建畲族团体"山民会馆"，促进了族人之间的交流与联络。

他治学严谨认真，泽溉乡梓，名重一方。钟学吉结合教学，编写大量知识性歌谣，其中《花名歌》《鸟名歌》《十贤歌》《十女歌》《十字歌》《起书堂》《大读书》等，在塾馆内外广为流传；而根据畲族民间传说改编的叙事史诗《高辛氏》，在好些场合被用以替代《盘瓠王歌》；他依据汉族小说、曲艺、故事改编的叙事诗，无论是数量还是质量，都明显超过其先辈和同辈歌手。光绪二十四年（1898），刑部主事钟大焜来闽东主修《福建福宁府颖川钟氏宗谱》。钟学吉参与编修霞浦县白露坑一带的《钟氏支谱》。

同年，钟学吉偕同一些"山民"（畲民）头面人物，倡建同族性联谊场所，并于次年在霞浦县城建立"福宁山民会馆"。钟

福建霞浦县白露坑畲村的钟学吉故居

学吉经常活动其间,结识不少畲族各阶层人士,大大丰富了其以小说歌为主体的畲族长篇叙事歌的创作。其间他所撰的《诸葛亮》《孟姜女》《唐伯虎》等,在畲族社区广泛流传。民国二年,山民会馆(后改称"福宁三明会馆")经过整顿,成为闽东、浙南等畲族主要聚居区的同族性团体。年近花甲的钟学吉被公举为董事。于是他交游更广,创作愈丰,且日臻成熟。他率先根据畲族真人真事编成叙事诗《钟良弼》,鼓舞当时闽浙畲民反抗民族歧视与民族压迫,在畲族民间文学史上具有划时代的意义。

畲族阿妈——钟淑兰

钟淑兰(1884—1955),福建省福安市下天池村人。她从小热爱劳动,与家人一起种山纳粮、砍柴卖米。清光绪二十八年出嫁溪柄暗井下厝坪畲族单座寮。1934年12月22日,闽东妇女工作团吴鸿琴因遭敌人新十师围捕,钟淑兰冒着生命危险把她隐藏在家里和秘楼里养伤几个月,最后把她打扮成畲族姑娘安全转移,被誉为"畲族阿妈"。

革命好阿妈钟淑兰

公益事业慈善家钟铭选

钟铭选（1891—1985），又名奕庄、奕择。福建省安溪县新溪里善坛乡（今官桥镇善坛村）人。1921年开始在新加坡经商，后与其子女先后在上海、香港、厦门等地开设银庄，经营金融业。钟铭选家族乐善好施，关心家乡发展，先后捐巨资在安溪县建设铭选大桥、铭选中学、铭选医院、善坛畲族村铭选小学等，又在厦门大学建造铭选大楼。

钟铭选捐资建校

1921年，南渡新加坡经商。抗战胜利后，回厦门开设银庄，恢复上海、香港等地分支机构，并经营侨批、典当等行业，财力逐渐雄厚，成为安溪巨商。1948年，国内政局动荡，铭选择定新加坡和香港作为商业据点，在两地续办金融业，并开办股票、房地产、建筑、旅游等行业，创立维东、维华、益大、鸿福、凯联、溢元、天德、侨益等公司。

钟铭选子孙

铭选热爱家乡，热心公益事业。他参与"旅厦安溪公会"发起创办的"安溪县民办汽车路股份有限公司"，任该公司董事，并踊跃投资，为开辟全县第一条公路——安溪至同安公路做出贡献。他与陈丙丁合献大米550担，创办泉州地区最早的侨办医院之一"官桥依新医院"，任医院董事长。

革命英烈钟日柱

钟日柱（1892—1937），福建省福安市穆阳（今穆云）乡下竹洲村人，1935年9月任安德县苏维埃政府主席。1937年春，伪民团进犯竹洲山，他不幸被捕，敌人用铁锥子扎他，将他推入河里闷溺，经残酷折磨18天后壮烈牺牲。

少时家贫如洗，以采薪换米度日。1933年参加秘密农会，1934年3月加入中国共产党。积极发动畲族同胞参加革命，开展"五抗"（抗捐抗债抗粮抗丁抗税）斗争和分田运动。1935年8月任宁寿（周宁、寿宁）县苏维埃政府主席，配合县委书记倪英峰开辟以竹洲山地区为中心的宁寿革命根据地，为竹洲山根据地建设呕心沥血不遗余力。期间，开辟秘密交通线，组建工农赤卫队和红军游击队，

◀ 钟日柱

建设苏维埃政权，创建闽东红军修械厂和红军后方医院，使竹洲山革命根据地成为闽东苏区三年游击战争时期，党和红军的三个重要依托地之一。1936年底，国民党当局调集重兵第三次"围剿"竹洲山根据地，钟日柱积极组织反"围剿"斗争，周密安排红军修械厂、红军后方医院安全转移。1937年2月12日（农历正月初二），敌军趁过春节之机，采取突然袭击的方式包围下竹洲村，钟日柱在指挥群众撤退中未来得及转移，不幸被捕。在狱中，敌人对钟日柱进行了不间断的残酷审讯，甚至挖出眼球、烙得体无完肤，也无法从这位铮铮铁汉嘴里得到任何情报。1937年3月29日，畲族山鹰钟日柱被残暴的敌人砍下头颅，用铁丝穿通耳孔悬挂"示众"。

红色交通员钟阿尒

钟阿尒（ěr）（1901—?），字善众，又名土溜，福建省福安市康厝凤洋畲族村人。1931年秋由占如柏介绍参加中国共产党，为闽东早期畲族党员之一。1936年7月任中共宁寿县委委员。

钟阿尒

在党的领导下，他翻山越岭，走村串户，到各地鼓动宣传，组织贫农团、抗租团，发动畲族农民群众，实行"二五减租"。把原来给地主交地租的干谷，改成湿谷；把原来要交的租，减到百分之二十五。

第二年，凤洋、大山下两村畲族群众，在他的领导下，又采取"以拖为欠"的办法，抗缴租粮，共抗交地主田租谷子1000担、债款两千元。

在闽东三年游击战争的艰苦岁月里，阿尒当上了红色交通员。他藏信的方法巧妙：有时把秘密信件塞在斗笠的夹缝里，有时把它缝到补丁重补丁的衣服中。有一次，闽东工农游击队支队长陈挺要他送信给下南区苏维埃政府，他取溪潭西隐山路径往甘棠过洋。他拔了一把路边茅草把密信和小石块扎在一起，捏在手中。到了西隐村附近，果然碰上国民党特务。他立刻把信团扔到草丛里，接着又从地上捡起石子，扔出第二个石子、第三个石子，敌人走近看看，看不出什么破绽。等敌人走远后，他连忙捡起草丛中的信件上路。下南区苏维埃政府负责人收到信件后，立即组织畲族群众武装及时地赶到指定地点，配合红军伏击了国民党新十师的船队，拦截敌船8艘、毙俘敌兵8人，活捉敌连长的太太，缴获步枪11支和一批子弹等物资。

特殊教育慈善家雷静贞

雷静贞（1903—1989），原名雷雪花，福建省古田县梅坪村人，民国十八年（1929）在古田城关创办福建省首家聋哑学校。

1916年，静贞进古田县教会办的毓青小学就读，毕业后升入毓馨女子中学，又以优异成绩考取该校师范班。1926年女师毕业，先后就教于中村小学和隆德洋教会小学。1928年6月，古田基督教会保送她到山东省烟台启喑师范学习聋哑教学。

◀ 雷静贞

1929年8月，静贞学成归里，到毓青小学任教。不久，她在校内设聋哑实验班，招生5名。她边上小学课程，边义务为聋哑儿童授课，聋哑班人数渐多。1940年，毓青小学遭日本飞机轰炸，雷静贞携带聋哑儿童逃难，颠沛流离，备尝艰辛，最后只好停办。1946年，应聋哑儿童家长的迫切要求，静贞毅然复办聋哑学校，用自己的月薪延聘吴彩瑞女士办理教务。

中华人民共和国成立后，毓青小学更名为新生小学。1951年8月，中国救济总会福州分会派人接办古田聋哑学校，决定以原古屏妇女工艺所为校址，并任命静贞为校长。从此，静贞一心扑在残疾人教育事业上，当年即招生35人。1956年，学生增至88人，开设理发、藤工、绘画、编草鞋等课程，同时还办小型工场、农场、畜牧场等，获得社会各方好评。从1959年开始，学校面向宁德、南平、三明等地招生，外省亦有不少人慕名送聋哑子女就读。1960年，学生数扩至122人。静贞刻苦研究聋哑儿童特点，运用特殊的聋哑口语、手语进行教学。许多聋哑生学会了写、唱、绘画、舞蹈等技能。

橡胶大王雷贤钟

雷贤钟（1903—1984），福建省古田县大桥镇梅坪村人，祖上世代务农，家境贫困。1923年到马来西亚为当地商人种植橡胶。中华人民共和国成立，雷贤钟欢欣鼓舞，眷恋祖国。当时，帝国主义对刚解放的中国大陆实行军事包围和经济封锁，他极为

◀ 雷贤钟

气愤。他获悉周恩来总理号召海外华侨回国参加建设的消息，同时收到从泰国回到海南岛的陈而滚来信，得悉海南可种植橡胶。于是，他毅然谢绝亲友挽留，于1953年春带领18名橡胶工人回国，决心为发展我国的橡胶事业做出贡献。

雷贤钟回国后，立即到海南的琼海、万宁、陵水、崖县（今三亚）、保亭诸县，考察当地的气候、土质及橡胶品种。他发现海南岛原有的橡胶是低劣的实生树，胶水产量很低，遂锐意从马来亚引进橡胶良种，并选中保亭县南山乡作为种植基地，着手组织华侨华福垦殖公司，开始垦荒栽种橡胶。

雷贤钟带回橡胶良种并培植成功的消息传到北京，中央首长和全国侨联领导极为重视。全国侨联主席陈嘉庚特地从北京赶到海口会见他。1956年春，周恩来总理电邀他到北京，并予接见，称赞他所带橡胶良种比金子还贵重。是年，雷贤钟出席全国第一届侨代会，当选为侨联委员。侨代会结束后，周恩来总理意欲在广州安排房子让他定居，他敬谢后带领几十名侨工到南山乡安家落户。在遮天蔽日的原始森林里，他们不惧毒蛇野兽袭扰，挥锄开荒，洒汗种植。两年后终于垦出1 000多亩植胶园，并建立橡胶苗圃。1958年，周恩来总理视察海南岛，在西联农场接见雷贤

◀ 雷贤钟带着同胞种植橡胶

钟时指示说："要多繁殖优良种苗,加快发展我国橡胶事业。"雷贤钟遵照总理指示,同科技人员和工人一起刻苦攻关,对橡胶良种进行精心移植、杂交组合和无性繁殖,终于培育出胶量多、生长期短的86号和600号良种,从而结束了我国植胶落后低产的历史。同时,为加速橡胶生产步伐,他还竭尽全力组织人员,把良种橡胶推广到广东、广西、云南、湖南、福建等省区。

畲嫂蓝金妹

蓝金妹(1911—1979),又名金英、细妹,生于福建省福安市松罗乡金竹洋村。家贫如洗,她7岁就被同乡岭后村钟家抱作童养媳,成年后与钟成清完婚。金妹能说会道,热情好客,爽直豪放,办事利索;成清则寡言少语,敦厚老实。夫妻性格虽然不同,却感情真笃。1933年生一男孩,取名奶春。不久全家搬到小坑村居住,时值革命低潮,常有红军伤病员在狭谷高山小村治病休养。

1934年冬,中共福霞县委书记曾志身患重病,又遭国民党追捕,几经周折,才辗转到小坑村金妹家,受到

畲嫂蓝金妹救曾志

金妹夫妇的热情接待和精心护理,夜间金妹还陪她睡觉,请叔公钟阿章(青草医生)为她治病。一天,国民党军队突然袭击,到了村口,群众立即疏散隐蔽,成清回家收拾锅碗衣被挑着往外跑,金妹抱起两三岁的奶春跟着丈夫跑。曾志正在发高烧,躺在门板上,这时也赶紧爬起来往外跑,跑不到几十步就跌倒爬不起来,失去知觉。金妹见状,毅然把怀中的孩子放在路旁草丛中,背起曾志跑往山上松林躲避,使曾志虎口逃生,奶春在草丛中啼哭,被邻居一位老太太抱着躲藏起来。

直到全国解放后的几十年来,金妹从不向政府讲述当年救曾志一事,也没向政府伸过手,然而曾志却终生难忘,直至1987年

回闽东视察时，还再三叮嘱福安当地党组织帮助寻找当年救她的这位畲族妇女。蓝金妹后因环境、生活所迫，曾先后四次改嫁，在人生的道路上不断跨越艰辛的岁月，最后归宿奶春家。1979年病逝，终年68岁。

闽西老区的将军蓝庭辉

蓝庭辉（1913—1983），福建省上杭县芦丰畲族乡人。1929年参加上杭暴动，随后参加中国工农红军，同年加入中国共产主义青年团，1930年转入中国共产党。土地革命战争时期，历任红四军第一纵队第二支队补充大队副大队长，红十二军一〇五团特务连连长，红十二军第三十五师特务连指导员，红一军团第一师第一团营部文书、团部文书、团部书记、团部技术书记等职，参加了中央苏区历次反"围剿"战役和二万五千里长征。到达陕北后，参加了东征、西征和山城堡战役。抗日战争时期，历任八路军一一五师三四三旅六八五团连指导员、苏鲁豫支队三大队营教导员、教导五旅政治部组织科科长、旅司令部作战科科长、新四军独立旅司令

蓝庭辉

部作战科科长等职，参加了平型关等战役和开辟山东、苏北抗日根据地的斗争，1943年进延安中央党校第二部学习。解放战争时期，历任东北民主联军嫩江军区参谋长，齐齐哈尔城防司令员，辽东军区第三纵队第九师副师长、副政委，东北野战军独立三师代理政委，中国人民解放军南下工作团总务部政委，参加了临江、辽沈、广西等战役。中华人民共和国成立后，任第五十二军二一四师政委。1952年参加抗美援朝战争，任中国人民志愿军铁道工程师政委。回国后，历任解放军铁道兵第七师师长、第一军副军长。1960年毕业于解放军政治学院。此后任铁道兵副参谋长、副司令员。1955年授大校军衔，1961年晋升少将，荣获三级八一勋章、二级独立自由勋章、二级解放勋章。当选为第四、五届全国人大代表，第六届全国政协委员。1983年9月22日因病在北京逝世，享年71岁。

闽西老区的将军雷钦

◀ 雷钦

雷钦（1915—2014），福建省上杭县才溪乡溪西村人。1930年加入中国共产主义青年团，次年参加中国工农红军，1932年转入中国共产党。曾任第一方面军总部警卫营政委。参加了中央苏区反"围剿"和长征。1937年入延安抗大学习。后任抗大总校大队政委，华北军区通讯联络处政委、军区旅政委。新中国成立后，历任第二野战军驻武汉办事处主任、师政委。1961年晋为少将。曾获二级八一勋章、二级独立自由勋章、二级解放勋章。

闽东老红军钟大湖

◀ 钟大湖

钟大湖（1917—2003），福建省福鼎市店下镇阮洋村渔井自然村人。1933年参加革命，1934年春加入赤卫队，1935年5月编入闽东红军，1938年北上抗日。先后任班长、排长、警卫队长、指导员、教导员、皖西大队大队长、支队司令、皖西军区二分区副司令、南平军分区司令、晋江军分区司令、福安军分区政委、福建省军区副政委、省军区顾问。1955年被授予大校军衔，荣获三级八一勋章、二级独立自由勋章、二级解放勋章。曾当选为全国三届人大代表、三届人大民族委员会委员，福建省人大常委。著有《闽东畲族革命斗争纪实》。2003年因病逝世，享年87岁。

走过长征的将军雷永通

雷永通（1918—1969），江西省兴国县人，中国人民解放军少将。1930年加入中国共产主义青年团，1932年参加中国工农红军，1934年由团转入中国共产党。任中央苏维埃政府报务员，红军前敌指挥部报务主任。参加了中央苏区历次反"围剿"战斗，在长征途中任军委二局电台台长，1939年入延安抗日军政大学学习，后任军委二局科长、第三处长。

◀ 雷永通

解放战争时期，任冀热察军区旅政治部主任、军区政治部组织部部长、东北野战军第九纵队政治部副主任兼组织部部长、第四野战军四十六军政治部副主任，参加了辽沈、平津、衡宝等战役。新中国成立后，任海军政治部组织部部长、海军干部部部长、海军学院政治委员。1955年被授予少将军衔，1956年入解放军政治学院学习。荣获二级八一勋章、二级独立自由勋章、一级解放勋章。

闽东革命老区的刘胡兰——雷七妹

雷七妹（1920—1937），福建省福鼎市点头乡后井村人。1935年秋参加革命斗争，曾任福鼎下南区苏维埃政府工作人员，参加了霞鼎（霞浦、福鼎）革命根据地的土地革命斗争、反"围剿"作战和闽东、浙南苏区的三年游击战争。1936年12月国民党调集重兵"围剿"闽东苏区，雷七妹随党组织和红军游击队转移山区坚持革命斗争。1937年7月在霞浦金竹反"围剿"斗争中被捕，受尽严刑拷打，坚贞不屈，临刑前高呼口号，壮烈牺牲。

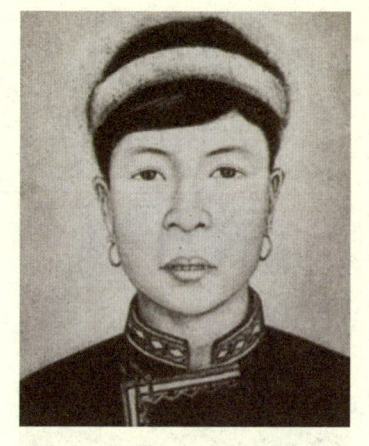

◀ 雷七妹

闽东革命老区的王小二 ——雷石祥

雷石祥（1922—1935），福建省霞浦县盐田乡西胜村南山人。系南山村苏维埃政府主席雷成和的儿子，时任南山村少先队队长。他被人称为"闽东革命老区的王小二"。1935年1月，敌军"围剿"西胜革命根据地，在南山抓住了时为儿童团长的雷石祥，逼迫雷石祥带路寻找其父亲带领的红军游击队。雷石祥为掩护红军，故意把敌人引错方向，领上了王高店村的将军潭险路，随后自己纵身跳进将军潭。敌人发现受骗上当，朝他开枪扫射，鲜血染红了将军潭水。他壮烈牺牲，时年13岁。

◀ 雷石祥

爱国华侨雷学金

雷学金 ▶

雷学金，1929年出生，祖籍福建省南安市码头镇镇坑内畲族村。1968年定居香港，任香港常满发展有限公司董事长，台湾海华建设（集团）关系企业总裁，美国、加拿大、澳洲福建同乡会最高顾问等职。雷先生爱国爱乡，投资10亿元人民币在北京兴建中华民族园和中华民族博物院，在家乡南安市成立雷学金教育基金会。

水产研究专家雷霁霖

雷霁霖，1935年出生，福建省宁化县人，是国内外知名的海水鱼类养殖专家。1954—1958年就读于山东大学（时在青岛，为中国海洋大学前身）生物系动物专业，向童第周等著名生物学家

雷霁霖 ▶

学习胚胎学。1958年毕业于山东大学，获学士学位，以后一直在中国水产科学院黄海水产研究所工作，兼任中国海洋大学教授和博士生导师。2005年12月当选中国工程院院士。

50多年来，他始终坚持在科研生产第一线，系统地研究了22种海水鱼类的增养殖理论与技术，其中8种已实现产业化。他以亲身实践丰富了鱼类养殖学理论，引导了海水

鱼类养殖向工业化方向发展，是我国海水鱼类增养殖学科带头人、工厂化育苗和养殖产业化的主要奠基人。20世纪60年代，他率先突破了梭鱼人工繁殖技术，探索了多种海水鱼类育苗工艺；70年代首创海水鱼类工厂化育苗系列技术；80年代率先完成工厂化育苗体系构建，北方网箱养殖和放流增殖获开创性成果；90年代，真鲷工厂化育苗技术达国际先进水平，社会经济效益显著，受到国内外专家的高度评价。他于1992年首先从英国引进冷温型良种大菱鲆，突破了育苗关键技术，达国际先进水平；创建符合国情的"温室大棚+深井海水"工厂化养殖模式，掀起了中国海水养殖业的第四次产业浪潮，近5年累计创产值逾70亿元，产生了巨大的经济和社会效益，为此，大菱鲆的引进被誉为我国当代最成功的海水鱼类引种范例。1997年"渤海渔业增殖技术研究"获国家科技进步二等奖。2001年"大菱鲆的引种和育苗生产技术研究"获国家科技进步二等奖，2002年获杜邦科技创新奖。

参考文献

1. 《中国民族文化大观·畲族编》编委会. 中国民族文化大观·畲族编. 北京：民族出版社，1999
2. 林毅红等. 畲族简史（修订本）. 北京：民族出版社，2008
3. 施联朱. 畲族风俗志. 北京：中央民族学院出版社，1989
4. 陈国强. 畲族民俗风情. 福州：海峡文艺出版社，1997
5. 钟雷兴. 闽东畲族文化全书. 北京：民族出版社，2009
6. 李健民. 畲族文化简说（修订本）. 福建省宁德市民族中学编印，2011
7. 宁德师范学院，宁德市文化广电新闻出版局，宁德市民族与宗教事务局. 畲族文化新探（论文集）. 福建：福建人民出版社，2012
8. 黄亦钊. 消失的畲家染布工艺. 福宁文化，2014-4-20（2）
9. 百度、百科、各地新闻网等网站

图片提供者
(按姓氏音序排列)

《多彩畲族》	第 165 页	第 75 页	第 117 页	第 76 页（下）
第 61 页（下）	第 166 页（上）	第 77 页	第 123 页（下）	第 111 页（上）
第 62 页（三幅）	第 168 页	第 78 页（下）	第 161 页	第 121 页（中）
第 63 页（下）	第 170 页（下）	第 79 页（上）	第 162 页	第 132 页（下）
第 80 页	第 180 页（下）	第 105 页	第 167 页（下）	第 135 页（下）
第 82 页	**陈扬州**	第 108 页	第 169 页（上）	第 153 页（下）
第 91 页	第 135 页（上）	第 109 页	**闽东革命纪念馆**	第 160 页
第 93 页	第 136 页	第 110 页（中、下）	第 169 页（下）	第 167 页（下）
第 94 页	第 137 页	第 111 页（下）	第 175 页	第 170 页（上）
第 95 页	第 138 页	第 113 页（中、下）	第 179 页（两幅）	第 171 页
第 106 页（上）	第 139 页（上）	第 114 页	**宁德市博物馆**	第 173 页
第 115 页	第 140 页	第 120 页	第 29 页（下）	第 174 页
第 119 页（下）	第 157 页	第 127 页	第 34 页	第 176 页
第 124 页（上）	第 159 页	第 147 页	第 38 页	第 177 页（两幅）
《畲族简史》	**傅熹**	第 155 页（下）	第 41 页（下）	第 178 页
第 20 页	第 26 页	第 156 页	第 55 页	第 180 页（上）
《畲族起源》	第 28 页	**黄俊**	第 56 页	**霞浦县民政局**
第 19 页	第 29 页（两幅）	第 31 页（上）	第 65 页（上）	第 45 页
百度	第 30 页（两幅）	第 33 页	第 83 页	**游再生**
第 13 页	第 31 页（下）	第 40 页（上）	第 102 页	第 32 页（上、一幅）
第 52 页	第 32 页（下、两幅）	第 43 页	第 119 页（上）	第 48 页
第 54 页（上）	第 34 页（上）	第 49 页	第 123 页（中）	第 79 页（下）
第 65 页（中、下）	第 35 页（下）	第 76 页（上）	第 130 页	第 99 页
第 66 页	第 36 页	第 78 页（上）	第 131 页（下）	第 110 页（上）
第 96 页	第 37 页（上）	第 103 页	第 132 页（上）	**余炳炎**
第 112 页	第 39 页（上）	第 106 页（下）	第 139 页（下）	第 126 页
第 121 页（下）	第 40 页（下）	第 107 页（两幅）	第 142 页	第 141 页
第 122 页（上、中）	第 41 页（上）	第 124 页（下）	第 143 页（两幅）	**曾斌**
第 128 页	第 42 页	第 125 页	第 144 页	第 121 页（上）
第 129 页	第 44 页	**李华玲**	第 145 页	**赵苗樵**
第 131 页（上）	第 46 页	第 39 页（下）	第 146 页（三幅）	第 15 页
第 149 页	第 50 页	**李健民**	第 148 页	第 37 页（下）
第 150 页	第 51 页（下）	第 10 页	第 172 页	第 56 页
第 151 页（两幅）	第 57 页	第 11 页	**宁德市畲族歌舞团**	第 63 页（上）
第 152 页（两幅）	第 60 页（两幅）	第 12 页	第 74 页	第 122 页（下）
第 153 页（上）	第 61 页（上、中）	第 22 页	第 100 页（三幅）	第 123 页（上）
第 154 页	第 67 页	第 35 页（上）	第 101 页	第 133 页
第 155 页（上）	第 68 页	第 51 页（上）	**宁德市中华畲族宫**	第 134 页
第 158 页	第 69 页	第 64 页	第 54 页（下）	第 166 页（下）
第 163 页	第 70 页	第 98 页	第 58 页	
第 164 页	第 71 页	第 113 页（上）	第 59 页	

后记

自1982年进入中央民族大学历史系，我就立志学好民族史学，为将来从事本民族畲族的研究工作打下基础。1986年6月，我通过努力申请终于毕业分配到中南民族大学民族学博物馆，4年后转回家乡福建省宁德市从事闽东畲族博物馆（宁德市博物馆）工作。整整28年，我一直坚守在民族特别是畲族史学与文化遗产的研究、整理和发掘的岗位。这期间我有过下乡挂职、行政借用，可我始终热爱畲族文化，执着在这领域默默耕耘，也取得一定成效：在国家、省级学刊上发表多篇畲族学术论文，负责承担过国家文化部的民族研究课题。然我迄今尚无写有全面、系统地介绍畲族的专著，虽早有此愿但一直未实现。感谢辽宁民族出版社领导和金顺玉编辑提供这一机会，促进我能够如愿以偿撰写《畲族》。

本书是集思广益的成果。在编写过程中，我得到了研究畲族同行钟美珠、林毅红、李健民的帮助，他们提供许多资料和图片，为本书奠定了丰富的基础；得到了博物馆同仁陈扬州、钟章贤、欧东海、赵苗樵、雷英、赵剑的支持，他们为收集资料和打印做了大量工作，保障了本书的顺利出版；傅熹、游再生、黄俊等提供部分照片，使本书受益匪浅。在本书即将付梓之际，我向参与、关心和支持《畲族》编写出版工作，以及为此付出辛勤劳动的有关人员表示衷心的感谢！

最后，我借后记，衷心祝愿畲族兴旺发达，畲族文化源远流长。祝愿父老乡亲幸福吉祥，万事如意！

钟 亮

2014年4月